Die schönsten Wanderungen im

# Rosengarten



◀ Wandertouren im Rosengarten

Maurizio Capobussi

Die schönsten Wanderungen im

# Rosengarten

## Von der Seiser Alm über Tiers zum Latemar

47 Touren mit Routenkarte

Vom Spaziergang über die Almwanderung
bis zum Klettersteig

VERLAGSANSTALT ATHESIA | BOZEN

UMSCHLAGBILD
Das Kirchlein St. Zyprian mit seinem charakteristischen Schindeldach.
Im Hintergrund der Rosengarten und die Vajolettürme.

SEITE 2
Die Vajolettürme und der Rosengarten spiegeln sich im Weiher des Wuhnleger.

BENUTZERHINWEIS
Alle Angaben in diesem Wanderführer wurden vom Autor sorgfältig recherchiert. Sollten Sie bei Ihren Wanderungen dennoch Unstimmigkeiten bemerken, nimmt der Verlag Ihre Hinweise gerne entgegen (buchverlag@athesia.it).
Die Benutzung dieses Wanderführers erfolgt auf eigenes Risiko. Eine Haftung für etwaige Unfälle und Schäden wird weder vom Autor noch vom Verlag übernommen.

BIBLIOGRAFISCHE INFORMATION DER DEUTSCHEN NATIONALBIBLIOTHEK
Die Deutsche Nationalbibliothek verzeichnet diese Publikation in der Deutschen Nationalbibliografie; detaillierte bibliografische Daten sind im Internet abrufbar: http://dnb.d-nb.de

2010 · Zweite, durchgesehene Auflage

Karten: Barbara Häring, D-Gröbenzell
Design: Athesiaverlag, Marion Prossliner
Layout & Druckvorstufe: Athesiaverlag, Ulrike Teutsch
Gesamtherstellung: Athesiadruck, Bozen

ISBN 978-88-8266-388-9

www.athesiabuch.it
buchverlag@athesia.it

# INHALT

Beeindruckend – das Alpenglühen des Rosengarten

# Einführung

Das Tierser Tal und seine Umgebung ist eine faszinierende Berglandschaft und wurde in den letzten Jahren von begeisterten Menschen unterschiedlichster Nationen neu entdeckt. Einer der Hauptgründe ist wohl der alpinistische Aspekt: Das Tal liegt eingebettet in der **Zauberwelt des Rosengartens** und der **Vajolettürme,** es befindet sich unterhalb des Schlernmassivs in unmittelbarer Nähe der Latemargruppe. Seit Beginn der Alpingeschichte gilt das Tal als optimaler Ausgangspunkt für die klassischen Klettertouren in den Dolomiten.

In Tiers kann man eine ganz besondere Atmosphäre erleben. Wenn man dort wohnt, wird man von diesem Zauber in den Bann gezogen. Es ist nahe liegend, dass wir an dieser Stelle die Rötung der Berge bei Sonnenuntergang nennen müssen. Natürlich gibt es dieses Phänomen nicht nur im Tierser Tal, aber wer dieses Naturschauspiel dort erlebt hat, kann es nicht mehr vergessen. Das Alpenglühen (enrosadira) des Rosengartens hinter dem Kirchlein von St. Zyprian ist ein einzigartiges und unvergessliches Szenarium.

Ein weiteres und sehr aktuelles Motiv für die Beliebtheit dieses Tales ist sicherlich die Erweiterung des **Naturschutzparkes Schlern-Rosengarten.** Es handelt sich hier um ein streng geschütztes Gebiet, in welchem die Erhaltung besonders schöner Orte garantiert wird. In diesem Zusammenhang sei auch auf die Einrichtung eines Besucherzentrums in Weißlahnbad hingewiesen. Dort sind ein kleines Museum und ein gemütlicher Raum für Bildprojektionen untergebracht. Dieses **Naturschutzzentrum** befindet sich im Innern der Steger Säge, einem alten venezianischen Sägewerk. Die Anlage wurde vollkommen restauriert und wird nun in regelmäßigen Abständen für die Besucher in Betrieb genommen.

Ein weiterer Anreiz, nach Tiers zu kommen, ist die geografisch günstige Lage des Tales: Es ist von Bozen nicht weit entfernt und befindet sich nicht nur am Tor zum Rosengarten, sondern auch in unmittelbarer Nähe der **Seiser Alm**, der größten Hochalm Europas. Sie ist heutzutage mit einer modernen Aufstiegsanlage von der Ortschaft Seis aus zu erreichen. Von Tiers nach Völs/Seis verkehren fünfmal am Tag Linienbusse. Seit die neue Umlaufbahn in Betrieb ist, wird der Autoverkehr auf die Alm eingeschränkt, eine Maßnahme, die dem Umweltschutz zugutekommt.

Zudem sei erwähnt, dass die Zufahrtsstraßen nach Tiers außergewöhnlich gut sind und dass vom Tal aus optimale Verbindungsmöglichkeiten mit Bozen sowie zum Niger- und zum Karer Pass bestehen. Auch das Eggen- und das Fassatal sind leicht zu erreichen, somit hat man in dieser Zone einen großen Aktionsradius und eine große Auswahl an Wanderzielen. Der Skibusdienst und das **öffentliche Verkehrssystem** (Mobilcard, siehe Seite 163) wurden mittlerweile weiter ausgebaut und verbessert, so dass der Tourismusgast größtenteils auf sein eigenes Auto verzichten kann. Die Gemeinden Tiers, Welschnofen, Deutschnofen und Karneid sind dem Verein »Perlen der Alpen – Alpine Pearls« beigetreten, welcher sich die Förderung eines nachhaltigen Tourismus mit umweltfreundlicher Mobilität zum Ziel gesetzt hat.

Dieser Wanderführer umfasst eine große Auswahl an Wandervorschlägen für das Rosengartengebiet, die Latemargruppe, die Seiser Alm und für das Hochplateau des Schlern, markantes Symbol für Südtirol. Einige Wanderungen sind in gewisser Hinsicht äußerst ungewöhnlich. Ein Beispiel dafür ist die Durchwanderung der Schlernschlucht auf dem sogenannten Knüppelweg, der sich teilweise über Brücken aus Baumstämmen durch die Felsklamm windet. Diese außergewöhnliche Trassierung lässt die Begehung im Sommer und im Winter zu einem spannenden und unvergesslichen Erlebnis werden.

Der zunehmende Reiz, Wanderungen in dieser zauberhaften Bergwelt zu unternehmen, hat den Tourismusverein Tiers veranlasst, einmal im Jahr die große Rosengartenumrundung mit dem berühmten Bergsteiger **Hans Kammerlander** anzubieten. Diese anspruchsvolle Tour führt durch das Tschamin- und Grasleitental zu den Schutzhäusern Grasleiten- und Vajolethütte, über den Cigoladepass zur Rotwandhütte und auf dem Hirzelweg zur Kölner Hütte; von dort geht es zur Hanickerschwaige und schließlich hinunter zum Ausgangspunkt am Eingang des Tschamintales.

## Anforderungen

Dieser Wanderführer erscheint nach dem Erfolg seines Vorgängers in einer neuen überarbeiteten Ausgabe. Er wurde durch eine Reihe von zusätzlichen Wandervorschlägen und aktuellen Informationen ergänzt. Wie üblich, wurden alle ausgewählten Routen im Sommer von einer bergbegeisterten und wanderfreudigen Familie begangen. Die Zeit- und Schwierigkeitsangaben orientieren sich an jenen Personen, die nach Monaten sitzender Tätigkeit in der Stadt hierher kommen, um einen schönen Urlaub zu machen. Der Großteil der Vorschläge ist also für Familien und mittelmäßige Wanderer gedacht. Die angeführten Einstufungsdaten entsprechen somit nicht der Leistungsfähigkeit eines trainierten Athleten. Ausgenommen sind einige anspruchsvollere Klettersteige (u.a. der Laurenzisteig) und lange Bergtouren, die erfahrenen Bergwanderern vorbehalten sind oder in Begleitung eines Bergführers gemacht werden sollten.

Der imposante Grasleitenkessel; im Hintergrund der Molignonpass

Die Grasleitenhütte dient als Stützpunkt bei Wanderungen im wildromantischen Grasleitental.

**Blau** Einfache, breite Wege, die keine Gefahrenstelle aufweisen, kein besonders Orientierungsvermögen erfordern und aufgrund der Länge und des geringen Höhenunterschiedes problemlos von Familien und Kindern zu bewältigen sind.

**Rot** Die Steige sind schmal und steil und führen in alpines Gelände mit guter Markierung. Dazu kommen auch kurze ausgesetzte Stellen, die entsprechende Trittsicherheit und Bergerfahrung erfordern. Hierzu gehören auch leichte bis mittelschwere Klettersteige.

**Schwarz** Diese Steige befinden sich durchaus im alpinen Gelände und sind teilweise stark ausgesetzt. Die Anstiege erfordern aufgrund der zu überwindenden Höhenunterschiede eine gute Kondition. Für die anspruchsvollen Klettersteige ist zudem Schwindelfreiheit vorausgesetzt. Eine Begehung ist daher nur erfahrenen Wanderern zu empfehlen und nur bei guter Wetterlage ratsam.

Es empfiehlt sich, vor Aufbruch zu einer Bergwanderung bei Freunden/Bekannten/in Ihrer Unterkunft eine **Angabe** zu **hinterlassen,** welchen Weg man begehen möchte. Zudem sollte man größere Touren **nicht alleine** unternehmen. Verlassen Sie auf keinen Fall die markierten Steige und Wege und verzichten Sie in allen Fällen auf Abkürzungen. Zum vorbildlichen Verhalten am Berg zählt auch, dass Sie die **Rastplätze sauber hinterlassen.** Tragen Sie Ihren Müll wieder mit zu Tal und entsorgen Sie ihn dort.

Auf der Seiser Alm lässt es sich hervorragend mit Schneeschuhen wandern.

## Winterwanderungen

Auf mehrfachen Wunsch wurde der Führer durch eine Reihe von Schneeschuhwandertouren ergänzt. Wanderungen durch die Winterlandschaft haben vor allem in höheren Lagen eine ganz besondere Faszination. Es war aber nicht leicht, dieser Herausforderung gerecht zu werden. Einmal bestand die Gefahr sich zu wiederholen, da viele Sommerwanderungen, besonders die in niederen Lagen, auch im Winter unternommen werden können. Zum anderen ist es wegen der unterschiedlichen **Schneeverhältnisse** sehr schwierig, einigermaßen gültige Angaben zu machen. Nach starken Schneefällen kann nämlich eine an sich leichte Wanderung plötzlich anspruchsvoll und mühsam erscheinen. Generell gilt, dass man im Winter für dieselbe Wegstrecke, je nach Schneelage, bis zu doppelt so viel Zeit benötigt wie im Sommer. Der Tourismusverein hat in den vergangenen Jahren eigene Wege für Schneeschuhwanderer ausgewiesen und diese bestens ausgeschildert.

> **Lawinenwarndienst**
> www.provinz.bz.it/lawinen
> Tel. 0471 27 05 55
> Tel. 0471 27 11 77

Durch die hilfreiche Zusammenarbeit mit Herrn Martin Damian ist es gelungen, neun Winterwanderungen anzubieten, Ausgangspunkt ist immer das Hotel Cyprianerhof. Der gebürtige Tierser hat diese Wege mehrmals selbst durchwandert und sie genauestens beschrieben. Die im Führer abgebildeten Fotos lassen erahnen, welch großartige Eindrücke man auf diesen Wanderungen erleben kann. Es sei aber betont, dass Winterbegehungen eine gute Kondition und Trittsicherheit voraussetzen und dass man im Normalfall auf die Benützung von Schneeschuhen nicht verzichten kann. Diese haben sich mittlerweile zu einem modernen und ausgefeilten Wintersportartikel entwickelt, mit dem man bequem im Tiefschnee wandern und auch steilere Abschnitte problemlos bewältigen kann.

Zudem sei an dieser Stelle noch einmal ausdrücklich erwähnt, dass Winterexkursionen mit einem höheren Schwierigkeitsgrad in Gruppen und nicht im Alleingang durchgeführt werden sollten, am besten wäre es, sich von erfahrenen **Bergführern** begleiten zu lassen. Im Gebiet werden täglich geführte Schneeschuhtouren angeboten. Natürlich ist es auch wichtig, Informationen des Lawinenwarndienstes einzuholen und diese zu respektieren.

## Kartenmaterial

Im vorliegenden Wanderführer ist für eine bessere Orientierung jedem Wandervorschlag ein skizzenartiger Routenplan beigefügt. Eine umfassendere Übersicht bieten Wanderkarten von Tiers und dessen Umgebung: **Tabacco** 1:25.000, Nr. 029 und Nr. 06; **Tappeiner** 1:25.000 Wanderkarte & Luftbild-Panoramakarte (102, 101); **Kompass** 1:50.000, Blatt 54. Im Tourismusbüro von Tiers erhalten Sie zudem eine **Gebietskarte Rosengarten-Latemar,** eine Wanderkarte des **Naturparks Schlern-Rosengarten** sowie eine **Schneeschuhwanderkarte.**

## Das alpine Notsignal

Diese international gültige Art des Hilferufens besteht darin, dass man **sechsmal alle zehn Sekunden** »ruft«, eine Minute wartet, wieder sechsmal alle zehn Sekunden Signal gibt, und so fort, bis Antwort erfolgt.

Die Abgabe des Signals erfolgt bei Tag durch **Hilferufe und Schwenken** eines auffallenden Kleidungsstückes, bei Nacht durch **Rufen und Blinken mit einer Taschenlampe.** Die Antwort erfolgt dann in gleicher Weise, aber in Abständen von 20 Sekunden.

Man präge sich daher ein: »Hilfe« alle 10 Sekunden, »Verstanden« alle 20 Sekunden.

Landesnotrufzentrale: 118

# Zum Aussichtspunkt Völsegg

*Durch blühende Wiesen mit weitreichendem Panorama*

Auf dem Abstieg von Völsegg auf Steig 6U nach Tiers

**Talort:** Tiers

**Ausgangspunkt:** Tiers, Zentrum, 1025 m

**Endpunkt:** Tiers

**Höhenunterschied:** ca. 250 m

**Höchster Punkt:** 1247 m

**Gehzeit:** 1½ Std.

**Anforderungen:** leicht und problemlos

**Beste Jahreszeit:** ganzjährig

Vom Parkplatz in Tiers folgt man den Hinweisschildern Nr. 4 »Tschafon und Völsegg« und wandert auf einer schmalen Asphaltstraße (Mark. 6) in Richtung Nordwest. Oberhalb des Tischler-Hofes führt der Weg durch einen Waldabschnitt. Zum Tal hin öffnet sich der Blick auf leicht abfallende Bergwiesen, im Frühling und Sommer entdeckt man hier Akeleien in unterschiedlichen Blütenfarben. Ein Stück weiter oben, nach einer Straßensperre durch eine Schranke, erreicht man einen abschüssigen Felsvorsprung. An diesem Punkt genießt man einen besonders schönen Ausblick ins Tal bis zum Bozner Talkessel. Auch aus geologischer Sicht ist dieser Ort sehr interessant: Ein Erosionsgraben liegt vor uns, die tiefen Furchen lassen die rote Erde des darunterliegenden Gesteins zutage treten.

Auf dem Weg zum Weiler Völsegg findet man immer wieder eine Bank zum Ausruhen. Nach der neu errichteten Hofstelle folgt ein kurzes Waldstück, bevor man einen Bildstock, das Völsegger Bild (1247 m), erreicht. Von hier könnte man die Wanderung westwärts in Richtung Schönblick fortsetzen (vgl. Wanderung Nr. 2), wir gehen jedoch in die entgegengesetzte Richtung weiter. Ostwärts führen zwei Pfade in den Wald; wir schlagen vor, auf dem unteren

Blick vom Felsvorsprung Völsegg auf das äußere Tierser Tal. Im Vordergrund deutliche Spuren von Erosion

Die Akelei *(Aquilegia atrata)* trifft man längs des Aufstiegs nach Völsegg des Öfteren an; sie blüht in den verschiedensten Farben.

Weg (6U) nach Tiers zurückzuwandern. Auf der Höhe von 1166 m trifft man auf eine Wegkreuzung bzw. auf die achte Station des Kreuzweges von Tiers zum kleinen Kirchlein St. Sebastian (Steig 4). Wer schnell nach Tiers absteigen möchte, kann hier ohne weiteres der Markierung 4 »Tiers« folgen.

# Von Schönblick nach Völsegg

*Gemütlicher Spaziergang durch den Wald*

Vom Wanderweg nach Völsegg sieht man auf St. Katharina im Tierser Tal.

**Talort:** Völser Aicha

**Ausgangspunkt:** Mongadui, 1140 m

**Endpunkt:** Mongadui

**Höhenunterschied:** ca. 100 m

**Höchster Punkt:** 1247 m

**Gehzeit:** ½ Std.

**Anforderungen:** leicht und problemlos

**Einkehrmöglichkeit:** Berggasthaus Schönblick, Tel. 0471 60 11 36

**Beste Jahreszeit:** ganzjährig

**Varianten:**
½ Std. Abstieg nach Tiers, 1025 m
1 Std. nach Weißlahnbad,

■ Dieser Spaziergang ist sehr kurz und verläuft größtenteils durch den Wald. Dieser Wanderweg wird auch von Mountainbikern gern benutzt, die von Ums (932 m) zum Schnaggenkreuz hinauffahren, über Schönblick (1193 m) und Mungadoi (1140 m) nach Völsegg (1208 m) kommen und dann nach Tiers (1000 m) abfahren.

**»Wegbegleiter«**

An dieser Stelle weisen wir auf ein Kuriosum hin, das für dieses Tal eher ungewöhnlich ist, im Wandergebiet rund um den Schlern aber öfters auffällt: Entlang der Wege trifft man auf zahlreiche, originelle Holzschnitzereien, aufgesetzt auf Baumstämmen, Zaunpfählen oder Handläufen von Brücken, die über Schluchten führen. Dargestellt sind Uhus und Eulen, aber auch fantasievolle Drachen und andere Tiere. Es sind Arbeiten, die den Wanderer immer wieder überraschen und auf seinem Weg begleiten.

➡ Von der Tierser Straße zwischen Tiers und Völser Aicha auf 930 m Höhe zweigt eine kleine asphaltierte Seitenstraße ab. Diese Straße ist zwar etwas steil und eng, aber in gutem Zustand und führt rasch zum Kompatscher (1056 m) und durch weite Wiesen zum Weiler Mongadui (1140 m). Hier stellt man das Auto ab und wandert zu Fuß auf asphaltiertem Weg zur Jausenstation Schönblick (1193 m). Wie schon der Name verrät, hat man von hier einen schönen Ausblick ins Tierser Tal. Mehrere Wegschilder weisen darauf hin, dass man von diesem Punkt aus verschiedene Orte erreichen kann, unter anderem auch Tiers und Ums. Wir schlagen

Das Berggasthaus Schönblick auf 1193 m

Eine Skulptur auf dem Weg zwischen Schönblick und Völsegg

den breiten Weg (Mark. 6U) in den Wald ein und spazieren am Hang entlang zuerst ostwärts, dann in südlicher Richtung nach Völsegg (1208 m). Von diesem Bergrücken aus kann man die Fraktion St. Katharina im Tierser Tal gut einsehen.

Kurz nach Schönblick trifft man in gewissen Abständen und vor allem an besonderen Aussichtspunkten auf Rastplätze mit Tischen und Bänken. Auf dem ersten Rastplatz befindet sich in interessanter, ringförmiger Tisch. Der Rückweg erfolgt über den Hinweg.

### nach Tiers

Von Völsegg kann man ziemlich schnell nach Tiers absteigen (vgl. Wanderung Nr. 1). Entlang des Weges und in den Wiesen findet man oft blühende Akeleien.

### nach Weißlahnbad

Von Schönblick kommend entdeckt man unmittelbar oberhalb von Völsegg den Bildstock Völsegger Bild. Wir umrunden den Bildstock und setzen die Wanderung auf dem Steig 4 fort. Während der Steig 6U direkt nach Tiers führt, bringt uns dieser Weg durch den Wald hinauf auf 1305 m und mündet in eine

Auf dem Steig von Schönblick nach Völsegg lädt eine halbkreisförmige Bank zur Rast ein.

In der Schlernschlucht oberhalb von Ums: Ein Handlauf hat sich in einen Drachen verwandelt.

Forststraße. Folgt man dieser Straße in Richtung Osten, gewinnt man weiter an Höhe. An der Abzweigung zum St.-Sebastian-Kirchlein steigt man nicht ab, sondern folgt weiter der Markierung 4 und überwindet noch eine kleine Anhöhe, bevor man zum Wuhnleger hinunter wandert, eine idyllische Waldlichtung mit dem Wuhner Weiher (1400 m). Hat man das Glück, an einem heiteren Tag in den späten Nachmittags-

stunden dort zu sein, kann man mit großer Wahrscheinlichkeit das spektakuläre Abendrot am Rosengarten erleben, mit dem einmaligen Abendglühen der Felswände, die sich im Wuhner Weiher spiegeln. Wir bleiben auf dem Weg, der mit Forstweg 4a ausgeschildert ist, und steigen hinab zum Weiler Weißlahnbad (1200 m). Kaum hat man die Häuser von Weißlahnbad und den großen Parkplatz am Waldrand einmal hinter sich gelassen, geht es ziemlich steil bergab. Auf der Höhe des Kirchleins St. Zyprian mündet unser Weg in die große Talstraße von Tiers.

Auch diese Variante weist keine technischen Schwierigkeiten auf und kann von allen problemlos begangen werden.

Im Bereich der Forststraße vor dem Wuhner Weiher kann einem, wenn man sich leise verhält, ein Eichhörnchen und gegen Abend auch einmal ein Reh über den Weg laufen.

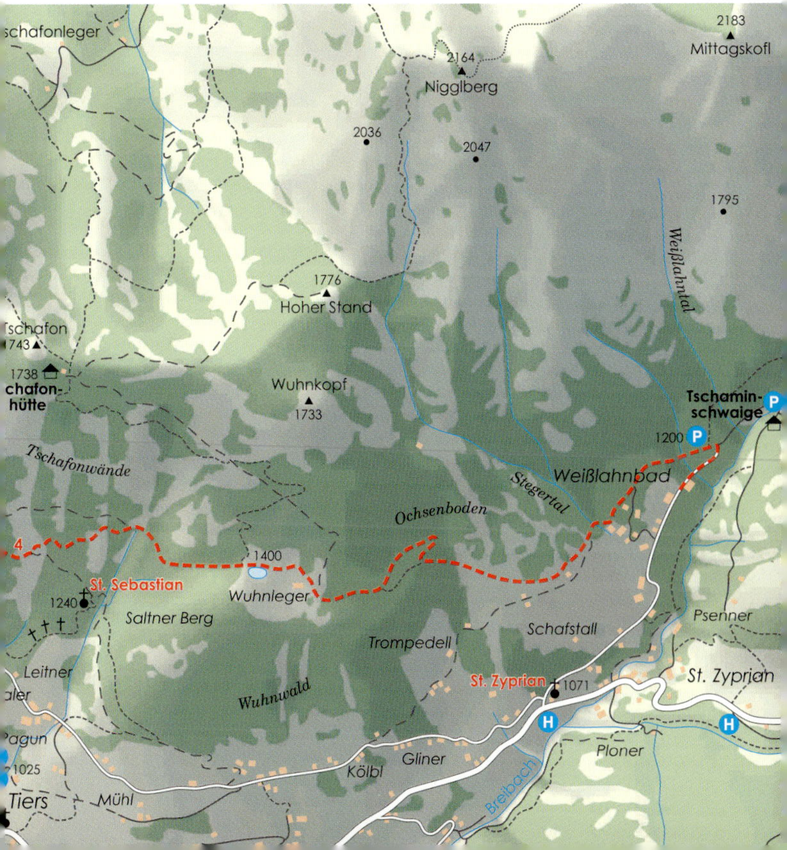

3

# Steger Säge und Tschaminschwaige

*Einblick in die Geschichte der Dolomiten*

Das Sägewerk Steger Säge beherbergt das Naturparkhaus Schlern-Rosengarten.

**Talort:** Tiers

**Ausgangspunkt:** Tiers, Zentrum, 1025 m

**Endpunkt:** Naturparkzentrum Schlern-Rosengarten (1175 m)

**Höhenunterschied:** 225 m

**Höchster Punkt:** 1250 m

**Gehzeit:** 1 Std.

**Anforderungen:** leicht und problemlos

**Einkehrmöglichkeit:** Tschaminschwaige, Tel. 0471 64 20 10

**Beste Jahreszeit:** Frühjahr bis Spätherbst

■ Die kurze Wanderung von Tiers bis zum Eingang des Tschamintales verbinden wir mit einem Besuch des Naturparkzentrums Schlern-Rosengarten. Der Spazierweg verläuft fern vom Autoverkehr und kann von jedem problemlos begangen werden.

Das Besucherzentrum bietet neben zahlreichen Exemplaren von Versteinerungen und einer Mineralienausstellung auch eine interessante Bildershow sowie lehrreiches Bildmaterial an. Im Vordergrund stehen naturgeschichtliche Themen, vor allem die Entstehungsgeschichte der Dolomiten. In unmittelbarer Nähe dieser interessanten Einrichtung befindet sich ein geologischer Erkundungsweg mit einer grafischen Darstellung der im Laufe des Erdalters entstandenen Gesteinsschichten. Er gibt Aufschluss über den Bozner Quarzporphyr, über den Grödner Sandstein und die Seiser Schichten, die den Werfener Schichten aufliegen.

Das Naturparkzentrum Schlern-Rosengarten ist nicht nur für Erwachsene, sondern auch für Kinder interessant. Aufgrund seiner besonderen Lage ist dieser Ort leicht zu erreichen; bis zu den Parkplätzen von Weißlahnbad kann man auch mit dem Auto fahren.

Im Innern der Säge kontrolliert ein Sägewerker vor einer Besuchergruppe den Schnitt eines Baumstammes. Während der Sommermonate finden wöchentliche Vorführungen statt.

**Besuchszentrum im Naturpark Schlern-Rosengarten**

**Ort:** Weißlahnbad, am Eingang des Tschamintales

**Geöffnet:** von Mitte Juni bis Mitte September

**Tage:** von Dienstag bis Samstag, im Juli und August auch sonntags geöffnet

**Öffnungszeiten:** von 9.30 bis 13 und von 14 bis 17.30 Uhr

**Tel.:** 0471 642196 Tourismusverein Tiers

**E-Mail:** info.sr.@provinz.bz.it

**Internetadresse:** www.provinz.bz.it/naturparke

**Eintritt:** frei

➡ In Tiers am Haus der Dorfgemeinschaft beginnt die Wanderung. Vom Dorfplatz zweigt ein Weg ostwärts ab und bringt den Wanderer ziemlich schnell zu den Wiesen oberhalb von Tiers. Von da geht es auf dem markierten Steig 6U immer weiter in Richtung Osten. Auf 1090 m stößt man auf ein Wegkreuz und einen Bildstock. Der Weg führt zuerst durch Wiesen, bevor er in eine asphaltierte Straße mündet, die den Hang vor dem Pattissenhof quert. Auf dieser Straße steigt man bis zur Wuhner Forststraße auf und erreicht auf 1200 m Weißlahnbad. Nun geht es ein Stück den Waldrand entlang, an Parkplätzen vorbei hinunter zum Tschaminbach.

Eine kleine Brücke führt über den Bach zur Tschaminschwaige und zum sehenswürdigen Naturparkzentrum Schlern-Rosengarten. Dieses ist in der alten Steger Säge untergebracht. In den Sommermonaten öffnet einmal in der Woche ein Sägewerker einen kleinen Wasserkanal und bringt dadurch ein Laufrad in Bewegung, das die alte venezianische Säge in Gang setzt. Nach der vollständigen Restaurierung des Betriebssystems und der hölzernen Antriebssteuerung ist die Anlage wieder funktionstüchtig. Während der Öffnungszeiten kann man sogar das Durchsägen eines großen Fichtenstammes aus unmittelbarer Nähe miterleben.

# Von Tiers zum Kirchlein St. Sebastian

*Gemütliche Rundwanderung durch Wald und Wiesen*

Am Rande einer Waldlichtung auf 1240 m steht das Kirchlein St. Sebastian.

**Talort:** Tiers

**Ausgangspunkt:** Tiers, Zentrum, 1025 m

**Endpunkt:** Tiers

**Höhenunterschied:** 215 m

**Höchster Punkt:** 1240 m

**Gehzeit:** 1¼ Std.

**Anforderungen:** für etwas gehgewohnte Wanderer leicht und problemlos

**Beste Jahreszeit:** ganzjährig

Oberhalb des Pattissenhofes zweigt ein Pfad ab, der durch den Wald nach St. Sebastian führt.

■ Eine leichte Wanderung auf gut markierten Steigen von Tiers über den Pattissenhof zum Kirchlein St. Sebastian

➡ Wir beginnen die Rundwanderung am Dorfplatz vor dem Haus der Dorfgemeinschaft in Tiers (Parkplätze sind vorhanden) und wandern zunächst auf einem schattigen Feldweg in Richtung Osten. Schon treffen wir auf die erste Kreuzwegstation. Der Kreuzweg ist ziemlich steil angelegt und führt direkt hinauf nach St. Sebastian; wir wählen diesen Weg für den Abstieg.

Nach einem kurzen Anstieg erreicht man ausgedehnte Wiesen. Nun geht es ein Stück gerade weiter bis zum Pattissenhof. Hier biegen wir links auf eine asphaltierte Straße ein und gehen westwärts weiter bis zur Abzweigung eines Forstweges. In wenigen Kehren steigen wir zum Wald auf und folgen dem Weg zum Kirchlein St. Sebastian.

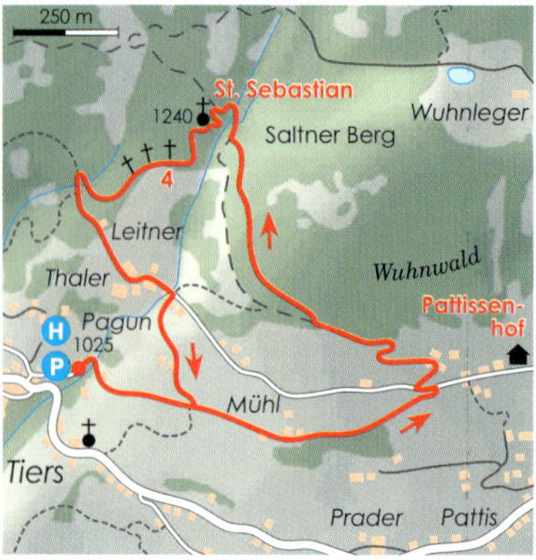


Der Rückweg verläuft über den steilen Pfad (Mark. 4) an der talseitigen Einzäunung des Kirchleins entlang. Auf der Anhöhe bei 1166 m (VIII. Station, Hinweisschild »Naturpark Schlern«) biegt man links ab und spaziert einen Holz-

# Tschafonhütte und Völseggspitze

*Wunderschöner Aussichtspunkt auf Bozen und Umgebung*

Die beliebte Tschafonhütte (1738 m) auf dem Tschafonsattel

**Talort:** Tiers

**Ausgangspunkt:**
Weißlahnbad, 1200 m

**Endpunkt:** Tiers, 1025 m

**Höhenunterschied:**
ca. 800 m

**Höchster Punkt:** 1834 m
(Völseggspitze)

**Gehzeit:** 5 Std.
1½ Std. Weißlahnbad – Tschafonhütte
20 Minuten Tschafonhütte – Völseggspitze

**Anforderungen:** für gehgewohnte Wanderer nicht schwierig

**Einkehrmöglichkeit:**
Tschafonhütte, Tel. 0471 64 20 58;
Berggasthaus Schönblick, Tel. 0471 60 11 36

**Beste Jahreszeit:** Ostern bis Anfang November

■ Es handelt sich um eine längere Wanderung, die aber keine technischen Schwierigkeiten aufweist. Der Anstieg führt zu einem lohnenswerten Aussichtspunkt, der Abstieg erfolgt über den Tschafon im Schatten von wunderschönen Wäldern.

➡ Ausgangsort der Wanderung ist Weißlahnbad oberhalb von St. Zyprian am Eingang des Tschamintales. Hier findet man auch genügend Parkplätze. Der Weg 4A führt westwärts zu den letzten Häusern, dann verlässt man die Asphaltstraße und folgt dem leicht ansteigenden Forstweg »Wuhn«. Nach einem kurzen Waldstück erreicht man die Wiesen Wuhnleger mit dem kleinen Weiher, in dem sich die Rosengartenspitzen und die Vajolettürme spiegeln. An der Hangseite unmittelbar vor dem Wuhner Weiher zweigt der Steig 4 ab und führt steil hinauf zu einer Weggabelung mit einem hölzernen Wegkreuz: Die Schotterstraße ist kürzer, aber steil, der Pfad 4A ist zwar länger, jedoch bequemer und landschaftlich schöner. Immer wieder findet man eine Bank zum Ausruhen. Wir wählen die bequemere Variante, nicht zuletzt wegen des schönen Ausblickes auf das

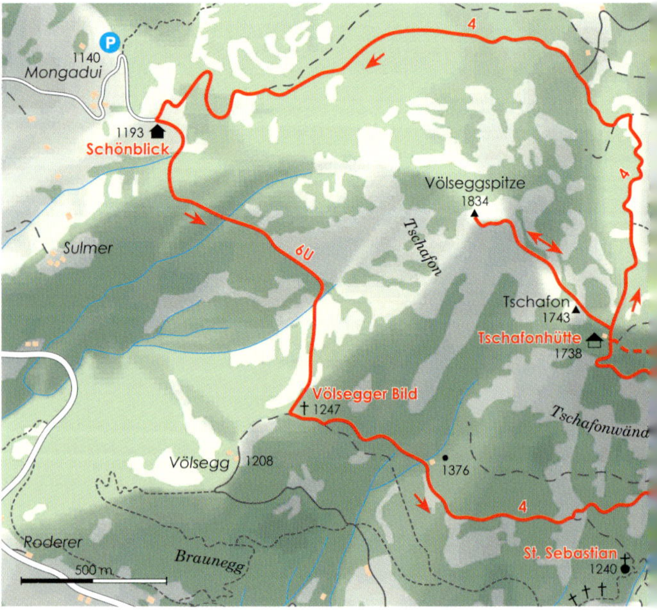

Vom Forstweg »Wuhn« Blick zum Rosengarten und zu den Vajolettürmen, am Fuße die Wiesen Rungun

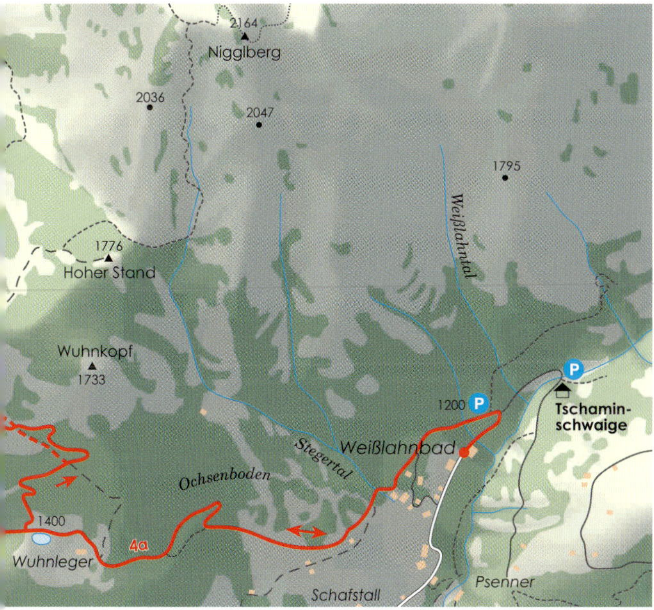

Blick auf Tiers aus 1545 m Höhe, auf dem Steig 4 zur Tschafonhütte

Der Weg vom Tschafon nach Schönblick

Tierser Tal. Weiter oben durchquert man einen Latschenwald und kurz darauf erreicht man den Sattel mit der Tschafonhütte (1738 m).

Von der Hütte führt ein Steig in ungefähr 20 Minuten auf die nahe gelegene Völseggspitze. Auf der Spitze, bestehend aus zwei großen Felsvorsprüngen, genießt man ein einmaliges Panorama. Von der nördlichen Felsbank blickt man ins Eisacktal und auf das Hochplateau von Völs. Der westliche (linke) Fels bildet den eigentlichen Berggipfel und ragt mit seinem großen Gipfelkreuz hoch über dem Tierser Tal. Von hier genießt man eine wunderschöne Aussicht ins Tierser Tal und auf den Bozner Talkessel.

Der Rückweg führt zur Tschafonhütte zurück, dann aber in Richtung Norden den Bergkamm oberhalb von Ums hinunter (Mark. 4). In Wegkehren geht es westwärts durch den Fichtenwald hinunter nach Schönblick. Immer wieder öffnet sich der Blick auf Völs und Schloss Prösels.

Der Wuhner Weiher spiegelt den Rosengarten und die Vajolettürme wider: ein Eldorado für Fotografen.

Von Schönblick geht es der Markierung 6U folgend weiter nach Völsegg. Am Bildstock Völsegger Bild nimmt man den Steig 4 und steigt leicht, aber kontinuierlich zu einer Forststraße auf. An der Abzweigung nach St. Sebastian bleibt man weiter auf dem Forstweg. Nach einem kurzen Abstieg erreicht man den Wuhner Weiher und die Bergwiesen des erwähnten Wuhnlegers. Von dort geht es auf dem Aufstiegsweg zu den Parkplätzen von Weißlahnbad zurück.

6

# Zu den Erdpyramiden von Steinegg

*Stille Zeugnisse aus der Eiszeit*

Erdpyramiden: beeindruckende Säulen aus Erdschutt

**Talort:** Steinegg

**Ausgangspunkt:** Steinegg, Zentrum, 820 m

**Endpunkt:** Steinegg

**Höhenunterschied:** 300 m

**Höchster Punkt:** 997 m

**Gehzeit:** 2 ½ Std.

**Anforderungen:** für etwas gehgewohnte Wanderer leicht und problemlos

**Einkehrmöglichkeit:** Gasthof Unterwirt, Cafè Christl, Gasthof Oberwirt, Hotel Steineggerhof

**Beste Jahreszeit:** Frühjahr bis Spätherbst

■ Die Erdpyramiden sind eigenartige Erosionsbildungen aus eiszeitlichen Grundmoränen und charakteristisch für eher niederschlagsarme Gebiete. Es handelt sich dabei um Säulen aus Erdschutt, die auf der Spitze einen Deckstein tragen, der sie vor Regen schützt. Um dieses geologische Phänomen ranken sich Sagen von Feen, versteinerten Riesen mit Felshüten und anderen Zauberfiguren.

➡ Man startet in Steinegg beim Cafe Christl (erreichbar über Blumau) und geht hinauf durchs Oberdorf bis zur Scheune vor dem Weißenbild. Hier biegt man kurz links ab in Richtung Hotel Steineggerhof und dann am Beginn des Zaunes rechts hinab in die Wiese und folgt der Wegmarkierung »gelbe Pyramiden«. Man erreicht die Katzenbachschlucht, überquert diese und kommt über einen abenteuerlichen Steig in die Glirgerwiese, nach dieser beginnt der eigentliche Lahnenweg mit seinen Brücken. Hier befindet man sich direkt unterhalb der Erdpyramiden. Weiter geht's bis zum Raffeinerhof und weiter auf der Asphaltstraße in Richtung Heiglerhof. Vor diesem zweigt rechts ein Steig mit der Markierung 2 ab. Dieser führt etwas ansteigend am Dosserhof vorbei bis zur Hauptstraße. Man wandert weiter bis ans Dosser-Kreuz, von wo man die Erdpyramiden von oben bewundern kann. Der Rückweg führt auf dem Weg mit der Markierung 2 zum Lahnhaus, zum Glirghof und weiter über den Katzenbachweg zurück zum Ausgangspunkt.

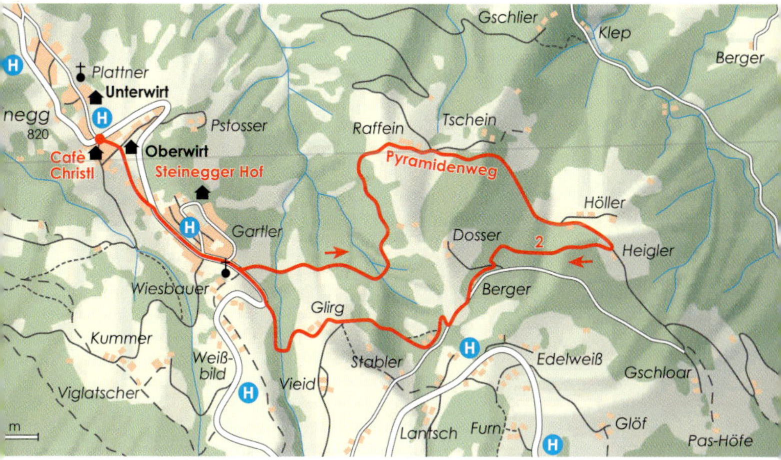

7

# Besuch auf Schloss Prösels

*Eine mittelalterliche Burg am Fuße des Schlern*

Schloss Prösels, im Hintergrund die Ortschaft Völs

**Talort:** Tiers

**Ausgangspunkt:** Tiers, Zentrum, 1025 m

**Endpunkt:** Schloss Prösels, 856 m

**Höhenunterschied:** 206 m auf dem Hinweg; 328 m auf dem Rückweg

**Höchster Punkt:** 1208 m (Völsegg)

**Gehzeit:** 2 Std. zu Fuß; 15 Min. mit dem Bus oder Auto

**Anforderungen:** leicht und problemlos

**Einkehrmöglichkeit:** Berggasthaus Schönblick, Tel. 0471 60 11 36; Prösler Hof, Tel. 0471 60 10 69

**Beste Jahreszeit:** Anfang April bis Ende Oktober

Blick auf Bergfried, Treppenturm und Loggia, die mit gut erhaltenen Fresken geschmückt sind

■ Schloss Prösels ist eine prachtvolle mittelalterliche Burg, großzügig restauriert, oft Austragungsort von Konzerten oder anderen Veranstaltungen.

Für die Gemeinden um den Schlern, Völs, Kastelruth und Tiers, ist diese Burg eine bedeutende Sehenswürdigkeit. Auch für Urlauber könnte die Besichtigung dieses Schlosses als alternatives Halbtagesprogramm interessant sein, insbesondere wenn schlechte Wetterbedingungen keine großen Bergtouren erlauben.

Die Schlosskapelle

### Schloss Prösels

| | |
|---|---|
| **Schlosswart:** | Tel. 0471 60 10 62 |
| **Büro:** | Tel. 0471 97 18 70 |
| **Schlossführungen:** | täglich, außer Samstag |
| 1. April–31. Mai: | 11, 14, 15 Uhr |
| 1. Juni–30. Juni: | 11, 14, 15, 16 Uhr |
| 1. Juli–31. August: | 11, 14, 15, 16, 17 Uhr |
| 1.–30. September: | 11, 14, 15, 16 Uhr |
| 1.–31. Oktober: | 11, 14, 15 Uhr |
| 31. Oktober–1. April: | nur nach Anmeldung |

Das Innere der Rüstungskammer, des sogenannten Pfeilersaales

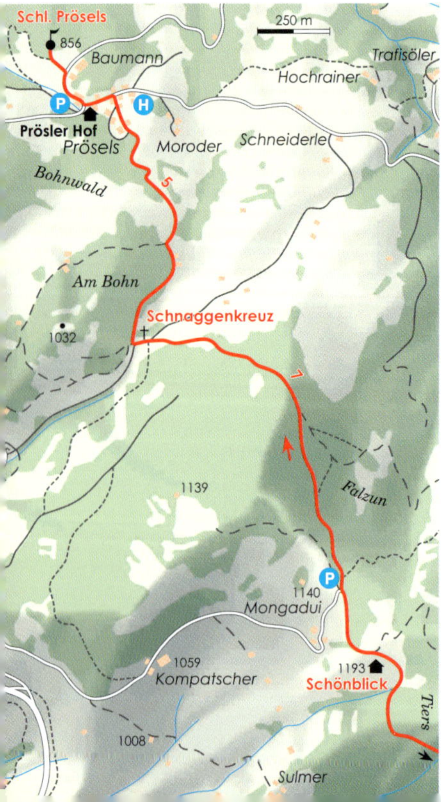


Schloss Prösels kann von Tiers sowie von Völs problemlos mit dem Bus oder dem Auto erreicht werden; auf der Südseite wurden große Parkplätze geschaffen.

Es kann aber auch ein Ausflugsziel sein, das man von Tiers (vgl. Wanderung Nr. 1 und Nr. 2) aus über Völsegg, Schönblick und die Wiesen von Schnaggenkreuz (Mark. 5 + 7) zu Fuß erreicht. Für den Rückweg nach Tiers verkehren mehrmals am Tag Linienbusse.

Einrichtungsgegenstände aus verschiedenen Zeitepochen

## Schloss Prösels

Die Burg wurde um 1200 von den Herren von Völs erbaut, die das umliegende Gebiet im Auftrag der Bischöfe von Brixen verwalteten. Im Jahre 1500 war Schloss Prösels Sitz des Bezirksgerichts von Völs. Eine der hervorragenden Persönlichkeiten der Burggeschichte war Leonhard von Völs (1458–1522), Landeshauptmann an der Etsch. Unter seiner Herrschaft wurden Befestigungsanlagen gebaut und verschiedene Ausschmückungsarbeiten vorgenommen. Im Jahre 1804 starb Felix, der letzte Schlossherr von Prösels, kinderlos. Bis zum Jahr 1978 wechselte die Burg vierzehn Mal ihren Besitzer (der letzte war Alois Mathà), bis sie nur mehr sich selbst überlassen und dem Verfall preisgegeben war. Die Rettung kam 1981, eine Gruppe von Privatpersonen, unterstützt von den drei Gemeinden Völs, Kastelruth und Tiers ergriff die Initiative und setzte sich aktiv für die Erhaltung der Burg ein. Es bildete sich das »Kuratorium Schloss Prösels GmbH.«, das die notwendigen Restaurierungsarbeiten einleitete. Bereits 1981 erwachte die Burg zu neuem Leben und erhielt zugleich eine neue Zweckbestimmung. Sie sollte sich zu einer touristischen Attraktion entwickeln und als Zentrum zahlreicher interessanter Kulturveranstaltungen viele Besucher anlocken. Bei der Schlossbesichtigung entdeckt man immer wieder architektonisch interessante Details. Wir empfehlen, das Angebot der

Der Innenhof von Schloss Prösels mit dem überdachten Ziehbrunnen.

organisierten Schlossführungen zu nützen, um die Geschichte der Burg und ihres bekanntesten Schlossherrn besser kennenzulernen. Besondere Aufmerksamkeit verdienen der große Rittersaal, ein geräumiger Speisesaal mit wertvollen Holzverkleidungen und Fresken und die Schlosskapelle, um 1520 der Burg angebaut. Interessant ist auch die Rüstungskammer, der sogenannte Pfeilersaal, wo sich eine stattliche Sammlung von Waffen und Rüstungen befindet; manches Exemplar stammt aus der Zeit des Herrn Leonhard von Völs, eine besondere Kuriosität ist die Rüstung eines japanischen Samurai. Unter den Ausstellungsstücken aus dem 19. Jahrhundert befinden sich vorwiegend Gewehre, Schwerter und Säbel aus den Schlachten bei Solferino und Custoza.

Das Schloss beherbergt auch eine Gemäldegalerie. Es handelt sich dabei um eine interessante Sammlung von Bildern: die Batzenhäusl-Sammlung. Der Name erinnert an ein bekanntes Bozner Gastlokal, das Batzenhäusl. Seit 1882 war dieses Lokal ein wichtiger Treffpunkt von nordeuropäischen Künstlern, die in der Umgebung von Bozen Urlaub machten. Unter ihnen findet sich auch der Maler Anton Braith, von ihm stammt die Idee, der Gaststube Bilder zu schenken, um die leeren Wände zu schmücken. Er machte den Anfang dieser Aktion und schenkte dem Batzenhäusl ein Gemälde mit einem Tiermotiv. Der gute Wein und die Freundlichkeit des Gastwirtes trugen dazu bei, dass viele Künstler diesem Beispiel folgten und die Sammlung allmählich an die zweihundert Stück umfasste. Im Zuge späterer, nicht näher bekannter Ereignisse ging ein ansehnlicher Teil davon leider verloren. Die verbliebenen 98 Bilder wurden schließlich vom Land Südtirol erworben und hängen nun im Schloss Prösels.

# Zum Völser und Huber Weiher

*Ausflug zu zwei bekannten Weihern in Völs am Schlern*

Der Huber Weiher. Dieser ruhige Waldsee, für den ein Badeverbot erlassen wurde, liegt nur wenige Minuten vom unteren Völser Weiher entfernt.

**Talort:** Völs am Schlern, 880 m

**Ausgangspunkt:** Parkplätze am Dorfeingang, 858 m

**Endpunkt:** Völser Weiher, 1056 m, und Huber Weiher, 1096 m

**Höhenunterschied:** 238 m

**Höchster Punkt:** 1096 m

**Gehzeit:** ¾ Std.

**Anforderungen:** gemütliche Wanderung

**Einkehrmöglichkeit:** Altes Weiher Gasthaus, Tel. 0471 72 50 72; Hotel Waldsee, Tel. 0471 72 50 41

**Beste Jahreszeit:** ganzjährig

Nach Völs kommt man mit dem Linienbus oder mit dem Auto, Parkplätze in unmittelbarer Nähe beim Kreisverkehr am Dorfeingang. Von dort Richtung Obervöls und dem Wanderweg 1 folgend zum Völser Weiher. Als Badesee ist er entsprechend ausgestattet: Zugang durch kleine Holzbrücken, Bars, Restaurants sowie sanitäre Einrichtungen, und es gibt auch einen Bootsverleih. Am Ufer, in der Nähe des Hotels Waldsee, befindet sich ein Kinderspielplatz und ein Volleyballplatz. Am gegenüberliegenden Seeufer wurde ein Wasserbecken für einfache Wasseranwendungen nach Pfarrer Sebastian Kneipp eingerichtet. Seit 1880 werden die sogenannten Kneipp-Kuren wie Wassertreten, Armbäder, Güsse usw. erfolgreich zur Anregung des Blutkreislaufs und zur Stärkung des Immunsystems eingesetzt. Das Wassertreten wird von den Touristen an warmen Sommertagen als besonders wohltuend empfunden.

Vom Völser Weiher führt ein Forstweg in wenigen Minuten hinauf zum oberen Weiher. Dieser wird nicht als Badesee benutzt und ist daher auch nicht so überlaufen. Er liegt landschaftlich sehr schön, ist von Wald umgeben und lädt zu einem gemütlichen Rundgang ein. In unmittelbarer Nähe geht die Forststraße, die vom unteren Weiher heraufkommt, in einen breiten Waldpfad, der zur Tuffalm unterhalb des Schlernmassivs aufsteigt, über.

Man kann auch mit dem Auto von St. Anton bei Völs rechts auf einer Asphaltstraße zu den großen gebührenpflichtigen, aber unbewachten Parkplätzen (1065 m) in der Nähe der Weiher fahren. Eine Ampel an der Auffahrtsstraße informiert die Autofahrer, ob noch genügend freie Stellplätze sind, im Sommer und an bestimmten Feiertagen ist der Weiher oft sehr überlaufen. Von den Parkplätzen erreicht man den ersten Weiher in wenigen Minuten.

# Rundwanderung unter dem Schlern

*Von Ums zur Tuffalm und zum Hoferalpl*

**Auf einer grünen Hochebene (1274 m) befindet sich die Tuffalm mit Streichelzoo und Spielplatz für Kinder.**

**Talort:** Völs am Schlern

**Ausgangspunkt:** Ums, 932 m

**Endpunkt:** Ums

**Höhenunterschied:** 438 m

**Höchster Punkt:** 1370 m

**Gehzeit:** 2 ¾ Std.
35 Min. Ums – Völser Weiher
40 Min. Völser Weiher – Tuffalm
40 Min. Tuffalm – Hoferalpl
50 Min. Rückweg nach Ums

**Anforderungen:** für etwas gehgewohnte Wanderer leicht und problemlos

**Einkehrmöglichkeit:**
Tuffalm, Tel. 0471 72 60 90; Hoferalpl, Tel. 0471 72 52 88;
Gasthof Kircher, Tel. 0471 72 51 51

**Beste Jahreszeit:** Ostern bis Anfang November

Der Parkplatz neben dem Kirchlein von Ums, Ausgangspunkt der Wanderung

■ Eine etwas längere Wanderung ohne besondere technischen Schwierigkeiten zu den landschaftlich schön gelegenen und gut eingerichteten Jausenstationen oberhalb von Völs: Tuffalm und Hoferalpl

➡ Diese Rundwanderung beginnen wir am Parkplatz neben dem Kirchlein von Ums. Wir steigen auf der schmalen asphaltierten Straße (Mark. 3) über den Hang hinauf zu den Heidegger Höfen. Der Weg ist gut beschildert, in regelmäßigen Abständen stößt man auf entsprechende Hinweistafeln. An einer kleinen Straßenkehre schlagen wir einen Feldweg in Richtung Norden ein und genießen den weiten Blick auf Völs. Der Weg verläuft zuerst im ebenen Gelände, bevor er zum Völser Bach talwärts kurz absteigt (910 m). Vom Bach geht es der Markierung 2 folgend weiter in Richtung Völser Weiher (1056 m). Bis zum unteren See braucht man ungefähr 35 Minuten. Eine Forststraße in unmittelbarer Nähe des

Rastplatz auf dem Rückweg nach Ums mit Panoramablick auf Völs

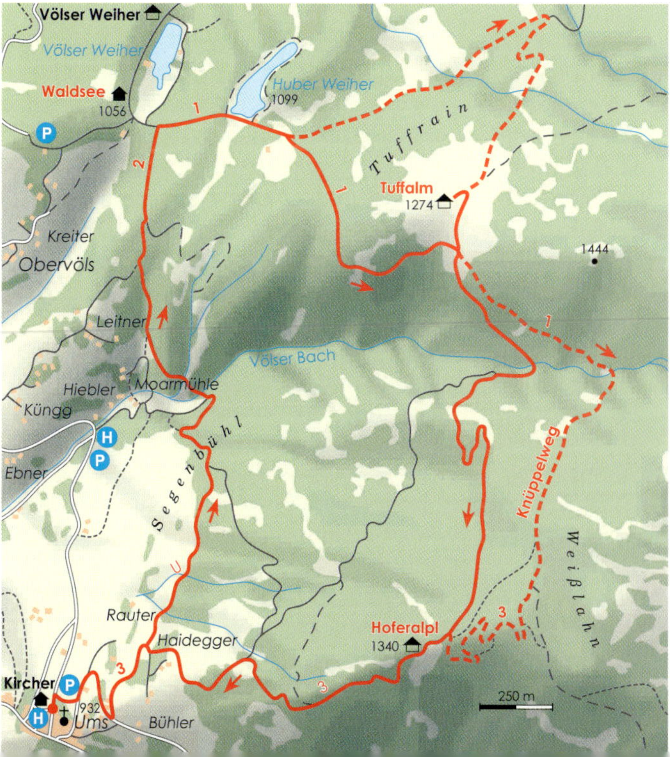

Der viel besuchte Völser Weiher (1056 m) unterhalb der Tuffalm

Weihers führt ostwärts zum oberen Waldsee (1096 m) und durch den Wald weiter hinauf zur Tuffalm. Der rechts abzweigende Steig 1 ist ziemlich steil, teilweise mit großen Steinen gepflastert, eine Besonderheit, die auf einen mittelalterlichen Pferdeweg schließen lässt. Auf der Tuffalm (1274 m) haben wir unser erstes Ziel erreicht, deshalb legen wir hier eine kurze Rast ein. Wir befinden uns auf einer großen offenen Bergwiese unterhalb des Schlern (2568 m) mit einem Ausblick ins Eisacktal. Die Hütte ist gut bewirtschaftet und verfügt über eine große Liegewiese.

Wir setzen unsere Wanderung in Richtung Süden fort. Der Steig schlängelt sich mit mäßigem Höhenanstieg durch den Wald und mündet in einen Forstweg. Auf einer Höhe von 1350 m überschreitet der Weg den Völser Bach und steigt in mehreren Kehren wieder an. Es gibt noch einen zweiten Wegverlauf, der höher hinaufführt. Diese Variante empfehlen wir allen, die eine längere Route bevorzugen und bis zur Schlernschlucht aufsteigen wollen, zur Klamm, aus welcher der Knüppelweg (vgl. Wanderung Nr. 10) kommt.

In unserem Fall raten wir, auf dem unteren und weniger anstrengenden Weg zu bleiben, um direkt zum Hoferalpl (1340 m)

Panoramablick vom Hoferalpl (1340 m) Richtung Bozner Talkessel

zu kommen: ein landschaftlich einmaliger Ort mit einem weitreichenden Panoramablick ins Eisacktal, auf Schloss Prösels, hinunter ins Bozner Talbecken und auf das Rittner Hochplateau.

Vom Hoferalpl führt der Rückweg in etwa 50 Minuten ziemlich steil zum Ausgangspunkt Ums hinunter. Der Steig 3 ist wieder gut markiert und verläuft größtenteils durch den Wald, dadurch ist er auch an warmen Sommertagen angenehm zu begehen. Oberhalb der hochgelegenen Häuser von Ums, bevor der Weg aus dem Wald kommt, macht er noch eine größere Schleife. Eine Bank am oberen Rand der steilen Bergwiesen lädt zu einer kurzen Rast ein. Von hier sind es nur noch wenige Minuten bis nach Ums. Die schmale Asphaltstraße, auf der wir die Rundwanderung begonnen haben, bringt uns zum Ausgangspunkt zurück.

Der Waldweg zur Tuffalm

# Der Knüppelweg zur Sesselschwaige

*Eindrucksvolle Wanderung durch die Schlernschlucht*

Der Knüppelweg zu Beginn der Schlucht über dem Schlernbach

**Talort:** Völs am Schlern

**Ausgangspunkt:** Ums, 932 m

**Endpunkt:** Ums

**Höhenunterschied:** 1008 m

**Höchster Punkt:** 1940 m

**Gehzeit:** 4 ½ Std.
1 Std. Ums – Hoferalpl
1½ Std. Hoferalpl – Sesselschwaige

**Anforderungen:** für gehgewohnte Wanderer nicht schwierig, bei Nässe Rutschgefahr beim Abstieg

**Einkehrmöglichkeit:** Hoferalpl, Tel. 0471 72 52 88; Sesselschwaige; Gasthof Kircher, Tel. 0471 72 51 51

**Beste Jahreszeit:** Anfang Juni bis Anfang Oktober

**Variante:**
7 Std. Schlernrundwanderung

Das Wegkreuz Peter Frag am Eingang der Schlernschlucht: Hier beginnt der Knüppelweg.

■ Der Name Knüppelweg bezeichnet einen aus Holzprügeln gebauten Zugang auf die Sesselschwaige. Es handelt sich hier um einen aus zahlreichen größeren und kleineren Baumstämmen errichteten Brückenweg, der teilweise aus dem Mittelalter stammt und die Klamm zur Sesselschwaige gangbar gemacht hat. Dadurch konnten die Bauern ihr Vieh im Sommer auf die hochgelegenen Weiden bringen. Der Knüppelweg windet sich ungefähr 1½ Kilometer durch die Klamm. Die Abschüssigkeit der Schlucht und das umliegende Gelände garantieren zweifellos ein spektakuläres Erlebnis.

➡ Als Ausgangspunkt wählen wir den Weiler Ums, das Auto lassen wir auf dem Parkplatz neben dem Kirchlein stehen. Von da geht es zuerst über eine asphaltierte Straße zu den Heidegger Höfen hinauf und dann ziemlich steil auf den Steig 3 weiter zum Hoferalpl. Es gilt einen beachtlichen Höhenunterschied zu bewältigen: Von Ums (932 m) bis zum Hoferalpl sind es 408 Höhenmeter,

Blick auf den Bozner Talkessel, im Vordergrund das Schloss Prösels

die aber in einer guten Stunde zu schaffen sind. Die Wanderung führt zuerst über sonnige Wiesenhänge und dann durch schattige Waldabschnitte. Das Hoferalpl steht auf einer offenen, sonnigen Bergwiese mit Blick aufs Eisacktal. Von dort kann man die Wanderung entweder auf dem breiten Weg fortsetzen oder man steigt steil durch den Wald hinauf. An den Wegkreuzungen trifft man immer wieder auf Hinweisschilder. Man kann der Markierung 1 oder 1–3 folgen, beide Möglichkeiten führen zum Wegkreuz und

Rastplatz Peter Frag (1625 m) am Eingang der Schlucht über dem Schlernbach.

Die Bezeichnung Peter Frag lässt sich vom Lateinischen *petra fracta* ableiten und bedeutet Felskluft. Rechts vom Wegkreuz zweigt der Pfad 3 ab, besser bekannt unter dem Namen »Schäufelesteig«. Es handelt sich dabei um einen sehr steilen, teilweise auch etwas ausgesetzten Pfad. Dieser Steig bietet einen schönen Ausblick und führt in ungefähr 3 Stunden auf das Schlernplateau (2450 m).

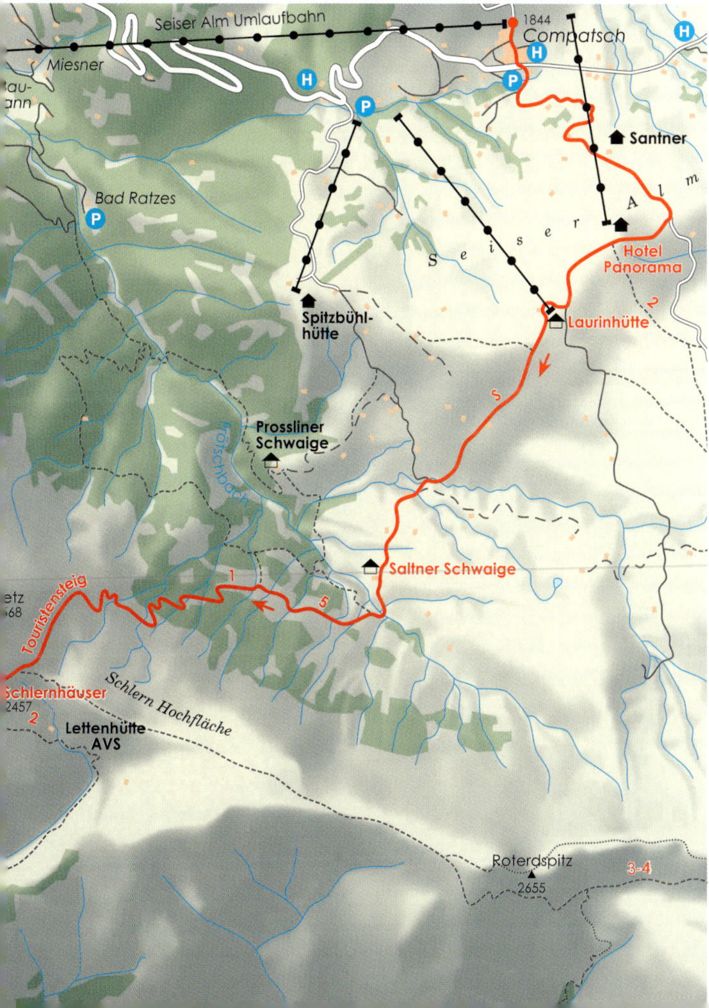

Die Abzweigung zur Schlernschlucht in unmittelbarer Nähe des Wegkreuzes Peter Frag

Unsere Wanderung setzt sich in die andere Richtung fort und mündet in die Schlernschlucht. Nun beginnt der eindrucksvollste Abschnitt des Knüppelweges, durch die Klamm hinauf zur grünen Mulde der Sesselschwaige (1940 m). Der Weg weist keine besonderen technischen Schwierigkeiten auf und kann von allen begangen werden. Am Rande der Sesselschwaige erblickt man auf der gegenüberliegenden Seite der Felsschlucht einen tiefen Abgrund, der im oberen Abschnitt in die Bärenfalle übergeht und das Tschamintal überragt. Wer möchte, könnte auch über die Bärenfalle nach Tiers absteigen.

Der Abstieg verläuft wieder durch die Schlernschlucht zum Wegkreuz Peter Frag. Kaum hat man diesen Punkt erreicht, geht es steil bergab. Nach wenigen Metern biegt man rechts ab und folgt in Richtung Norden dem Steig 1. Zuerst steigt der Weg kurz an, quert dann den Bergrücken mit Blick ins Eisacktal und führt steil durch den Wald hinunter zum Forstweg oberhalb des Hoferalpls. Auf diesem Weg befindet sich auch die Talstation der Materialseilbahn, die die Schlernhäuser mit allem Notwendigen versorgt. Von hier kann man direkt nach Ums absteigen.

Die Sesselschwaige (1940 m)

## Schlernrundwanderung

Die hier vorgeschlagene Rundwanderung bietet ein einmaliges Landschaftserlebnis. Auch wenn der Aufstieg nicht allzu mühsam erscheint, handelt es sich hier um eine ziemlich lange Tour, die eine gute Planung voraussetzt. Die Tour kann auch auf zwei Tage ausgedehnt werden. Als Übernachtungsmöglichkeit bieten sich die Schlernhäuser an. Die Seiser-Alm-Umlaufbahn ist mit den öffentlichen Verkehrsmittteln von Völs aus im Halbstundentakt zu erreichen.

Von Seis fährt man mit der Umlaufbahn auf die Seiser Alm (Compatsch) und wandert zum Hotel Panorama. Dann quert man südwärts die Wiesen der Seiser Alm, bis man den sogenannten Touristensteig erreicht. Dieser Steig ist leicht begehbar und führt in angenehmen Serpentinen zu den Schlernhäusern auf 2457 m Höhe. Der Abstieg (Mark. 1) führt zunächst über hochgelegene Weideflächen zur Sesselschwaige, dann über den Knüppelweg hinunter durch die Klamm des Schlernbaches. Am Wegkreuz Peter Frag geht es in Richtung Norden zuerst hinunter zur Tuffalm (1274 m), dann weiter zum Völser Weiher und schließlich nach Völs.

# Tschafatsch-Rundwanderung

*Von Weißlahnbad über die Hammerwand zur Tschafonhütte*

Blick auf Obervöls mit der Hammerwand im Hintergrund; links die Ausläufer des Schlern

**Talort:** Tiers

**Ausgangspunkt:** Weißlahnbad, 1200 m

**Endpunkt:** Weißlahnbad

**Höhenunterschied:** ca. 1100 m

**Höchster Punkt:** 2124 m (Hammerwand)

**Gehzeit:** 5–6 Stunden

**Anforderungen:** lange, jedoch für gehgewohnte, trittsichere und schwindelfreie Wanderer nicht schwierig, teilweise Fixseile

**Einkehrmöglichkeit:** Tschafonhütte, Tel. 0471 64 20 58

**Beste Jahreszeit:** Mitte Juni bis Anfang Oktober

Vom Parkplatz (1200 m) in Weißlahnbad am Eingang des Tschamintales steigt man durch die sogenannte Bärenfalle zum Tschafatschsattel (2069 m).

Der Aufstieg (Mark. 2) erweist sich eher steil, im oberen Teil führt der Weg über kleine Brücken. Am Sattel geht es auf Steig 9 westwärts hinauf zum Mittagskofel (2187 m), einem schönen Aussichtspunkt. Von dort geht es weiter auf teils gesichertem Steig zum Nigglbergkopf (2136 m) und über die Nigglscharte mit einem Abstecher hinauf zum lohnenden Aussichtspunkt der Hammerwand (2124 m) und dann hinunter zur Tschafonhütte. Der Abstieg führt über den Wuhnleger auf dem Weg 4 A zurück nach Weißlahnbad.

# Anspruchsvolle Tour auf den Schlern

*Von der Tschafonhütte zu den Schlernhäusern*

Die hochgelegenen Bergwiesen des Schlernmassivs zwischen der St.-Kassians-Kapelle und den Schlernhäusern mit Panoramablick zum Rosengarten

**Talort:** Tiers

**Ausgangspunkt:** Tschafonhütte, 1738 m

**Endpunkt:** Schlern, 2568 m

**Höhenunterschied:** ca. 900 m

**Höchster Punkt:** 2568 m

**Gehzeit:** 5 Std.

**Anforderungen:** lange, jedoch für gehgewohnte, trittsichere und schwindelfreie Wanderer nicht schwierig

**Einkehrmöglichkeit:**
Tschafonhütte, Tel. 0471 64 20 58;
Schlernhäuser, Tel. 0471 61 20 24

**Beste Jahreszeit:** Mitte Juni bis Anfang Oktober

Von der Tschafonhütte (hierher in ca. 1½ Stunden von St. Zyprian, vgl. Wanderung Nr. 5) geht es durch einen Waldabschnitt in Richtung Hammerwand. Nach etwa 20 Minuten kommt man aus der Nigglscharte heraus, dann geht es hinauf auf den Nigglbergkopf (2136 m) und anschließend auf den aussichtsreichen Mittagskofel (2187 m). Der Steig ist teilweise gesichert, in einigen Abschnitten stößt man auf abrutschendes Gelände. Vom Mittagskofel steigt man hinunter in den grünen Tschafatschsattel am Ausgang der Bärenfalle (ab Tschafonhütte 2½–3 Std.). Auf dem Steig 2 wandert man ostwärts über hochgelegene Almwiesen in unmittelbarer Nähe der St.-Kassians-Kapelle (2335 m) hinauf zu den Schlernhäusern. Nach weiteren 20 Minuten nordwärts erreicht man den Monte Petz.

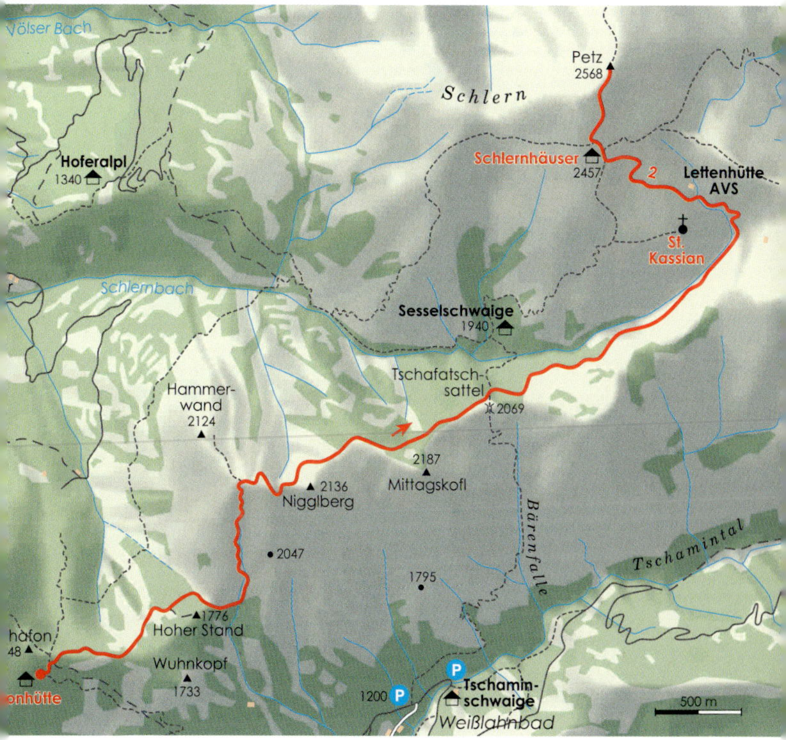

# Durch die Bärenfalle zur Seiser Alm

*Überschreitung des Schlernrückens mit fantastischen Ausblicken*

Der Tschafatschsattel (2069 m) am Ausgang der Bärenfalle von Norden her gesehen

**Talort:** Tiers

**Ausgangspunkt:** Weißlahnbad, 1200 m

**Endpunkt:** Compatsch, 1844 m

**Höhenunterschied:** ↑ ca. 1400 m, ↓ ca. 650 m

**Höchster Punkt:** 2499 m (Rosszähnscharte)

**Gehzeit:** 7 ½ Std.
4 Std. St. Zyprian – Schlernhaus
1 ½ Std. Schlernhaus – Tierser Alpl
1 ¾ Std. Tierser Alpl – Compatsch

**Anforderungen:** sehr lange, jedoch für gehgewohnte und trittsichere Wanderer nicht schwierig

**Einkehrmöglichkeit:**
Schlernhäuser, Tel. 0471 61 20 24
Tierser Alpl, Tel. 0471 72 79 58

**Beste Jahreszeit:** Anfang Juni bis Mitte Oktober

**Variante:** Maximiliansteig – Aussichtspunkt Burgstallegg (1 ½ Std. hin und retour)

Die ausgedehnten Wiesen der Seiser Alm werden von Langkofel und Plattkofel überragt.

■ Eine lange, aber wunderschöne Bergtour für geübte Wanderer von Weißlahnbad über den Tschafatschsattel zu den Schlernhäusern und den Weiten der Seiser Alm. Die Tour kann auf zwei Tage ausgedehnt werden.

➡ Ausgangspunkt ist der Parkplatz in Weißlahnbad am Eingang des Tschamintales (1200 m).

Der steile Anstiegsweg (Mark. 2) führt durch einen Föhrenwald hinauf in die Bärenfalle. Bevor man durch diese steil abfallende Schlucht zum Tschafatschsattel (2069 m) emporsteigt, kommt man an einer Grotte vorbei, die an eine prähistorische Kultstätte erin-

Der Steig 3–4 nach der Abzweigung auf 2551 m verläuft unterhalb der Roterdspitze in Richtung Tierser Alpl (eine 140-Grad-Panoramaaufnahme).

nert. In der Bärenfalle gibt es einige luftige Passagen. Vom Ausgang der Schlernschlucht geht es dann ostwärts auf dem markierten Weg 2 zu den hochgelegenen Bergwiesen hinauf. Man umgeht in einer großen Schleife die St.-Kassians-Kapelle und erreicht kurz darauf die Schlernhäuser (2457 m). Ein kurzer Abstecher auf den Schutthügel des Petz (2568 m) würde sich geradezu anbieten.

Wir setzen nun die Wanderung in Richtung Roterdspitze (2655 m) auf Steig 4 zum Tierser Alpl fort und kommen bald zu einer Wegkreuzung (2551 m): Nordöstlich geht es auf die Roterdspitze und südlich zum Tierser Alpl. Unser Steig führt südwärts hinunter und mündet in den Aufstiegspfad, der vom Tschamintal herkommt; von der Abzweigung zur Roterdspitze bis zum Tierser Alpl braucht man gut ½ Stunde. Von dort steigt man in wenigen Minuten hinauf zur Rosszähnscharte (2499 m) mit dem einmaligen Ausblick auf die Langkofelgruppe (3181 m) bis hin zum Langental bei Wolkenstein in Gröden. Jen-

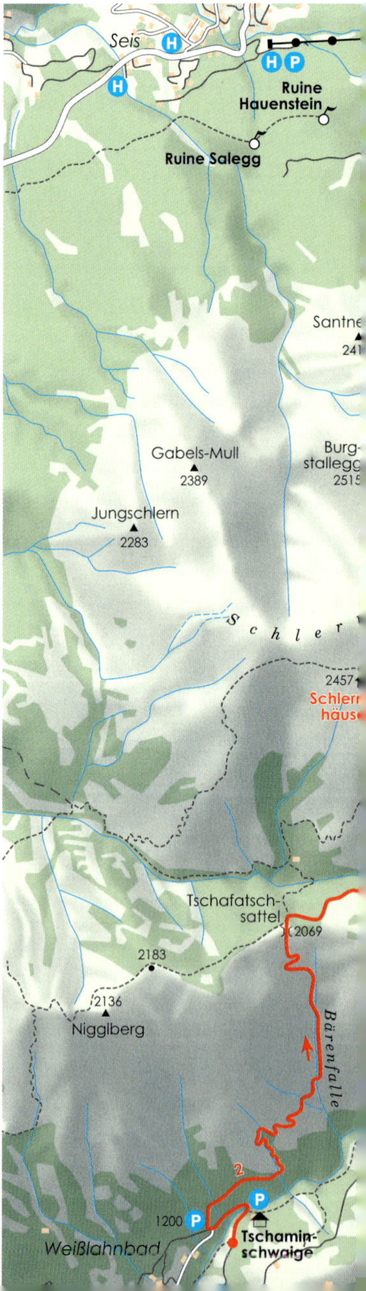

eiser Alm Umlaufbahn
Compatsch
1844
Miesner
Baumann
Bad Ratzes
Santner
Seiser Alm
Hotel Panorama
2
Spitzbühl-
hütte
Laurin-
hütte
Prossliner
Schwaige
Frötschbach
Saltner Schwaige
2177
2249
Gold-
knopf
Wiedner Woadn
Schlern Hochfläche
4
assian
Rosszähnscharte
2499
Roterd-
spitz
2655
2557
3-4
2440
Tierser Alpl
Bärenloch
Tschamintal
Rechter
Leger
Tschaminbach
2604
Grasleitenspitzen
2675
2695
2137
Grasleiten-
hütte
Plafetsch
2204
1000 m
Valbonkogel
2822

seits der Rosszähnscharte geht es über Geröll steil bergab bis zu den Wiesen der Seiser Alm (2205 m). Nun folgt eine längere Querung der Alm (Mark. 2), abschnittsweise auch über Sumpfgebiete, in Richtung Hotel Panorama und weiter nach Compatsch. Mit der Umlaufbahn gelangt man nach Seis. Von dort fährt im Zweistundentakt ein Bus zurück nach Tiers.

### ➡ Variante: Maximiliansteig (siehe auch Wanderung Nr. 38)

Die Roterdspitze ist auch über einen Klettersteig, den Maximiliansteig, mit dem Tierser Alpl verbunden. Dieser Steig führt über den Grat zur Rosszähnscharte. Er bietet sich als interessante Alternative an, erfordert aber Trittsicherheit und etwas Felserfahrung.

### ➡ Variante: Aussichtspunkt Burgstallegg

Auf der Nordseite des Petz befindet sich die Erhebung Burgstall, ein beliebter Aussichtspunkt gegenüber der beiden Türme Euringer (2394 m) und Santner (2413 m) bzw. über den Ortschaften Kastelruth und Seis. In der Nähe des Burgstalls wurden Spuren einer prähistorischen Burg entdeckt.

Sonnenuntergang auf der Seiser Alm mit der unverwechselbaren Silhouette des Euringer- und Santnerturmes

# Zum Rechten Leger im Tschamintal

*Prachtvolle Wanderung durch das wildschöne Tschamintal*

Die Lichtung des Rechten Legers (1615 m). In der Mitte die Grasleitenspitzen, rechts davon das Grasleitental, durch das man zur Grasleitenhütte (2137 m) aufsteigt, ganz rechts der Valbonkogel

**Talort:** Tiers

**Ausgangspunkt:** St. Zyprian, 1071 m

**Endpunkt:** St. Zyprian

**Höhenunterschied:** 544 m

**Höchster Punkt:** 1615 m (Rechter Leger)

**Gehzeit:** 3 ½ Std.

**Anforderungen:** leicht und problemlos

**Einkehrmöglichkeit:** Hotel Cyprianerhof, Tel. 0471 64 21 43; Tschaminschwaige, Tel. 0471 64 20 10

**Beste Jahreszeit:** Anfang Mai bis Mitte November

Auf dem Weg durch das Tschamintal

➡ Wir schlagen vor, die Wanderung beim Hotel Cyprianerhof in der gleichnamigen Fraktion von Tiers zu beginnen. Gemütlich geht es auf der Hauptstraße, die zum Nigerpass führt, bis zur Abzweigung der Forststraße an der linken Straßenseite (Hinweisschild »Tschamintal«) hinauf.

Der Weg verläuft anfangs fast eben und steigt dann kurz zu den Wiesen von Rungun auf, von denen man einen herrlichen Ausblick auf das gesamte Tierser Tal hat. Entlang des Weges laden immer

Rechter Leger, die kleine Almwiese im grünen Tschamintal

wieder Bänke zur Rast ein. Weiter geht es über einen Waldrücken ins Tschamintal. Man kommt zu einer Straßensperre und kurz vor der zweiten Absperrung bemerkt man auf der linken Seite einen steilen Pfad, der von Weißlahnbad bzw. von der Tschaminschwaige (1175 m) heraufkommt. Auch diese Orte können als Ausgangspunkt für die Wanderung in Betracht gezogen werden, nicht zuletzt deswegen, weil sie über größere Parkplätze verfügen.

Wir wandern also durch das grüne Tschamintal und erreichen bald eine größere Wiese von der rechts ein breiterer Weg in den Wald abzweigt. Wir bleiben auf unserem Pfad und kommen an der Quelle des »Schwarzen Lettn« vorbei. Kurz darauf überqueren wir den Tschaminbach. Der Weg wird etwas steiler, und wir erreichen eine kleine Lichtung (Schaferleger) mit einer Bank. Dann überqueren wir zum zweiten Mal auf einer kleinen Brücke den Tschaminbach und erreichen den Rechten Leger mit einer kleinen Almhütte. Auf der Wiese vor der Hütte steht ein geschnitztes Wegkreuz mit einer Bank zum Verweilen. Von hier blickt man auf die Spitzen und Vorgipfel des Rosengartens, insbesondere auf die Grasleitenspitzen (2672 m) und den Valbonkogel (2824 m).

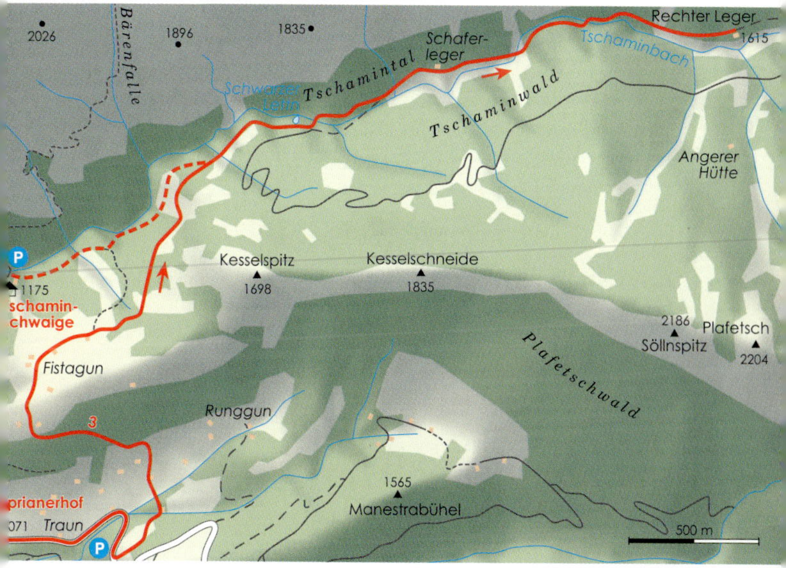

# Von Tiers zur Grasleitenhütte

*Dem Tschaminbach entlang ins wildromantische Grasleitental*

Die einmalige Grasleitenhütte, hochgelegen am Schutthang des Grasleitentales. Im Hintergrund der Talschluss des Tschamintales

**Talort:** Tiers

**Ausgangspunkt:** St. Zyprian, 1071 m

**Endpunkt:** Grasleitenhütte, 2137 m

**Höhenunterschied:** 1066 m

**Höchster Punkt:** 2137 m

**Gehzeit:** 3 Std.

**Anforderungen:** für gehgewohnte und trittsichere Wanderer nicht schwierig

**Einkehrmöglichkeit:** Grasleitenhütte, Tel. 0471 64 21 03

**Beste Jahreszeit:** Anfang Juni bis Anfang Oktober

**Variante:** 2 Std. Molignonpass und Tierser Alpl
3 Std. Tierser Alpl – St. Zyprian
1 ¾ Std. Tierser Alpl – Compatsch

■ Eine etwas längere Wanderung durch das Tschamintal und über das Grasleitental zur hochgelegenen Grasleitenhütte in der Rosengartengruppe

➡ Man wandert durch das Tschamintal auf dem bereits beschriebenen Weg (vgl. Wanderung Nr. 14) zum Rechten Leger. Auf dieser kleinen Alm folgt man der Markierung 3 und steigt zuerst leicht, dann etwas steiler bis zum Talschluss auf. Hier teilt sich der Weg: Links biegt der Steig zum sogenannten Bärenloch ab, rechts ins Grasleitental zur Grasleitenhütte. An dieser Weggabelung überquert man das Kiesbett des Tschaminbaches und folgt der Markierung 3A in angenehm verlaufenden Serpentinen zuerst durch einen kurzen Waldabschnitt und dann über eine Geröllhalde ins Grasleitental. Dieser Aufstieg wird zu einem einmaligen Landschaftserlebnis und lädt immer wieder zum Innehalten ein. Man blickt auf die enge Schlucht am Fuße des Valbonkogels und gegen Süden zum Bergkamm, der das Tschamintal und das Grasleitental vom dahinter gelegenen Purgametschtal trennt. Der Steig ist leicht begehbar und gut markiert, nur ungefähr 10 Minuten unterhalb der Grasleitenhütte trifft man auf eine etwas ausgesetzte Stelle, die aber leicht zu umgehen ist. Gerade in diesem Abschnitt wandert man in einer einzigartigen Landschaft von unvergleichbarer Schönheit.

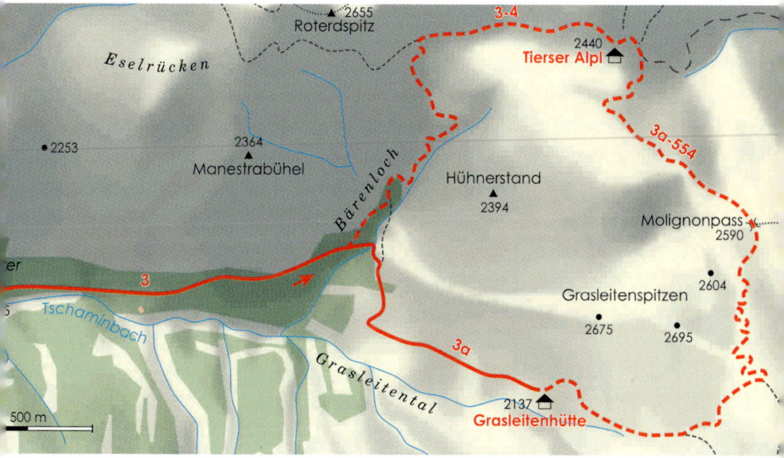

Steigspuren oberhalb der Grasleitenhütte zum Molignonpass

## Über den Molignonpass

Von der Grasleitenhütte steigt man weiter hinauf in eine steinige Gletscherarena. Hier stoßen zwei Täler zusammen: Das rechte hat seinen Anfang am Grasleitenpass und das linke am Molignonpass. Links führt ein langer, steiler Übergang zum Tierser Alpl (Übernachtungsmöglichkeit in der Schutzhütte). Von dort kann man direkt durch das Bärenloch ins Tschamintal absteigen.

Das grüne Tschamintal – eine verzauberte Gegend

# Durch das Bärenloch zum Tierser Alpl

*Wanderung zum Schutzhaus am Übergang zur Seiser Alm*

Das Tierser Alpl mit dem Zugang vom Bärenloch, links die Ausläufer der Rosszähne

**Talort:** Tiers

**Ausgangspunkt:** St. Zyprian, 1071 m

**Endpunkt:** Tierser Alpl, 2440 m

**Höhenunterschied:** 1369 m

**Höchster Punkt:** 2440 m

**Gehzeit:** 3½–4 Std.

**Anforderungen:** längere, aber für gehgewohnte und trittsichere Wanderer nicht schwierig, einzelne Stellen gesichert

**Einkehrmöglichkeit:** Tierser Alpl, Tel. 0471 727958

**Beste Jahreszeit:** Anfang Juni bis Mitte Oktober

Das Bärenloch von den Hängen der Roterdspitze aus gesehen, gut ersichtlich auch der Steig zur Grasleitenhütte

Man beginnt die Wanderung entweder beim Hotel Cyprianerhof in St. Zyprian oder bei der Tschaminschwaige unmittelbar nach Weißlahnbad und durchwandert das grüne Tschamintal zuerst auf einer Forststraße und dann auf dem Steig 3 bis zum Rechten Leger (vgl. Wanderung Nr. 14). Am Talschluss des Tschamintales (1890 m) steigt man nicht rechts zur Grasleitenhütte auf, sondern nordseitig in die wilde Schlucht des Bärenloches. Der Aufstieg verläuft auf felsigem Gelände und erfordert Trittsicherheit und Übung. Der obere Abschnitt ist teilweise gesichert. Auf 2350 m Höhe trifft man auf den Weg, der von den Schlernhäusern kommt. Von hier erreicht man in ungefähr 20 Minuten das Tierser Alpl.

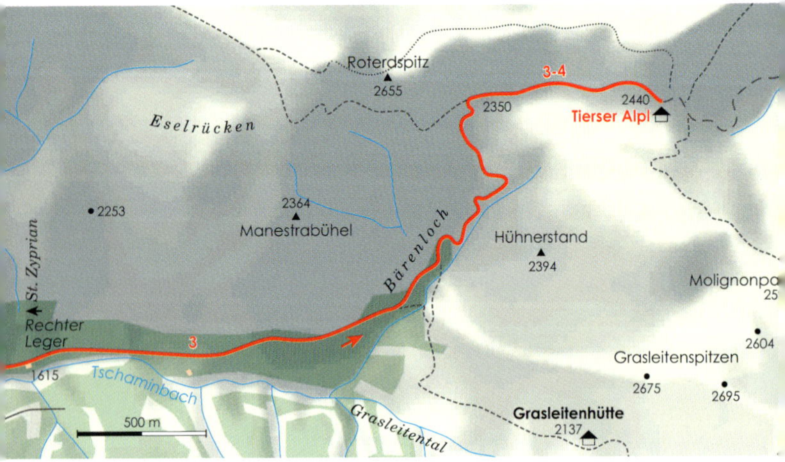

# Von der Seiser Alm nach Tiers

*Zwischen weiten Almwiesen und steiler Felsenschlucht*

Die Schlernhäuser (2457 m); hier endet der Touristensteig.

**Talort:** Seis am Schlern

**Ausgangspunkt:** Compatsch, 1844 m

**Endpunkt:** St. Zyprian, 1071 m

**Höhenunterschied:** ↑ 780 m, ↓ 1420 m

**Höchster Punkt:** 2457 m (Schlernhäuser)

**Gehzeit:** 6 ¼ Std.
3 ¼ Std. Compatsch – Schlernhäuser
3 Std. Schlernhäuser – St. Zyprian

**Anforderungen:** lange und anspruchsvolle Wanderung, für Gehgewohnte und Trittsichere jedoch nicht schwierig

**Einkehrmöglichkeit:** Saltnerschwaige, Tel. 0471 72 78 04 Schlernhäuser, Tel. 0471 61 20 24
Tierser Alpl, Tel. 0471 72 79 58
Tschaminschwaige, Tel. 0471 64 20 10

**Beste Jahreszeit:** Anfang Juni bis Mitte Oktober

**Linienbus:** verkehrt fünfmal am Tag von Tiers-St. Zyprian nach Völs/Seis in beiden Richtungen.

## Schlernhaus

Das Schutzhaus Schlern, 1885 vom Deutsch-Österreichischen Alpenverein DuÖAV erbaut, gehört heute dem CAI der Sektion Bozen und verfügt über neunzig Schlafplätze. Nördlich des Schlernhauses erreicht man die Schuttpyramide Petz (2568 m), eine außergewöhnliche Aussichtswarte. Steigt man auf der Nordseite hinunter, erreicht man in gut einer ½ Stunde Burgstall (2516 m), einen Aussichtspunkt, in dessen Umgebung man römische Münzen aus der Zeit des Kaisers Augustus und Reste von geopferten Tieren aus der Bronzezeit um 1200 vor Christus gefunden hat.

Das Innere des Schlernhauses; mit dem Bau dieses Schutzhauses wurde nach heftigen Diskussionen innerhalb des Bozner Alpenvereins 1881 begonnen. Damals gab es in den östlichen Dolomiten noch kein anderes Schutzhaus.

■ Die hier beschriebene Wanderung ist landschaftlich sehr vielfältig und bietet ein unvergessliches Bergerlebnis. Sie zählt zu den schönsten Überschreitungen in den Dolomiten, ist aber etwas zeitaufwändig und setzt daher ein solides Training und genügend Erfahrung im Gebirge voraus. Diese Rundtour wird mit der Seiser-Alm-Umlaufbahn und dem Bus von St. Zyprian nach Seis kombiniert. Der Linienbus von Tiers-St. Zyprian nach Seis verkehrt fünfmal am Tag in beiden Richtungen.

➡ Von Compatsch (vgl. Wanderung Nr. 20) erreicht man in angenehmer Wanderung ziemlich rasch die Saltnerschwaige, unmittelbar danach geht es über den Frötschbach und weiter auf dem Touristensteig 5 (der am häufigsten benützte und bekannteste Schlernzugang) in steilen Serpentinen hinauf zur Schlernhochfläche. Auf 2400 m Höhe erreicht man die hochgelegenen Weidewiesen des Schlernplateaus und wenige Minuten später die Schlernhäuser (2457 m).

Der Touristensteig: von der Saltnerschwaige zu den Schlernhäusern

Das große Schutzhaus unterhalb des Petz mit seinen Zubauten (deshalb der Name Schlernhäuser) wurde am 23. August 1885 feierlich eröffnet und als das schönste und großartigste Schutzhaus Tirols gepriesen. Vor dem Gebäude öffnet sich der Blick auf die Rosengartengruppe und auf die weiter entfernte Latemargruppe. Nordwärts erreicht man in etwa 20 Minuten den Petz (2568 m). Dort oben genießt man einen einmaligen Rundblick.

Der Abstieg nach St. Zyprian erfolgt auf Weg 2, vorbei an der AVS-Hütte und weiter zum Tschafatschsattel (2069 m). Dann führt der Weg durch die Bärenfalle steil hinab, teils über Brücken, bis nach Weißlahnbad.

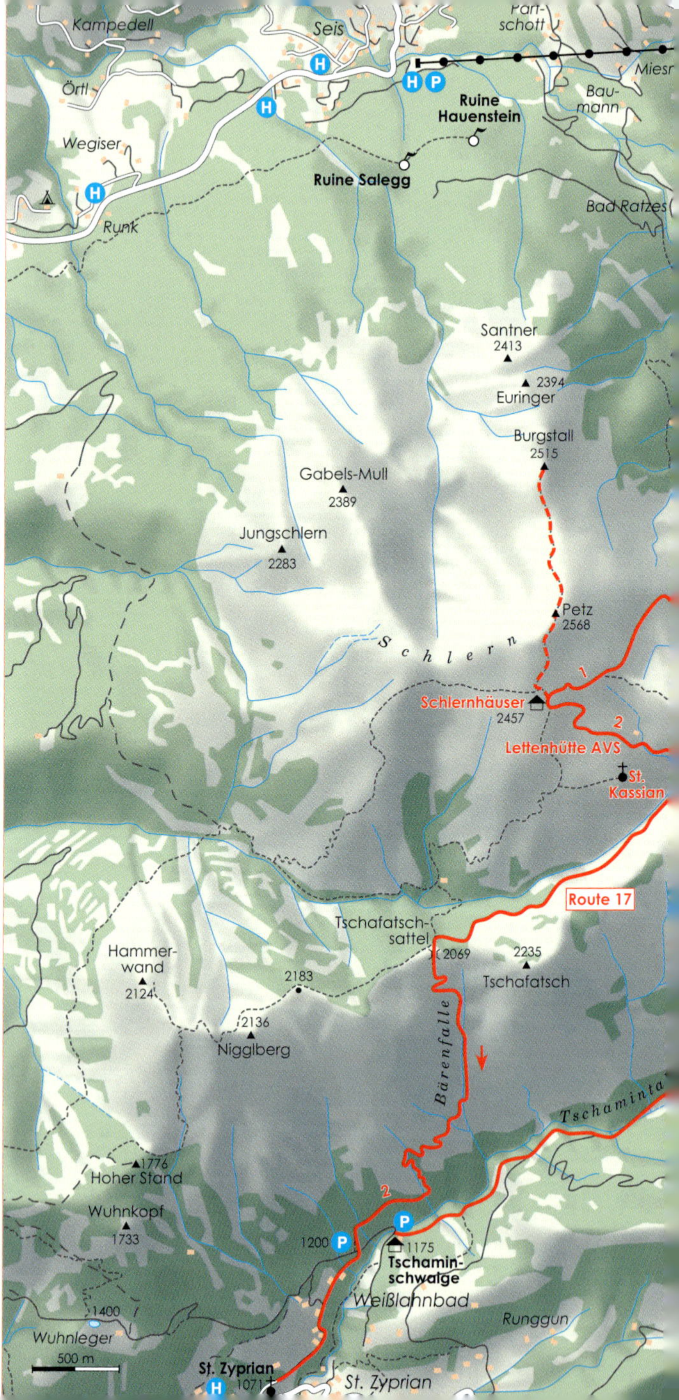
Kampedell
Seis
Part-schott
Miesr
Örtl
Ruine Hauenstein
Bau-mann
Wegiser
Ruine Salegg
Bad Ratzes
Runk
Santner
2413
2394
Euringer
Burgstall
2515
Gabels-Mull
2389
Jungschlern
2283
Petz
2568
Schlern
Schlernhäuser
2457
Lettenhütte AVS
St. Kassian
Route 17
Tschafatsch-sattel
2069
2235
Tschafatsch
Hammer-wand
2124
2183
2136
Nigglberg
Bärenfalle
Tschaminta
1776
Hoher Stand
Wuhnkopf
1733
1200
1175
Tschamin-schwaige
Weißlahnbad
Runggun
1400
Wuhnleger
500 m
St. Zyprian
1071
St. Zyprian

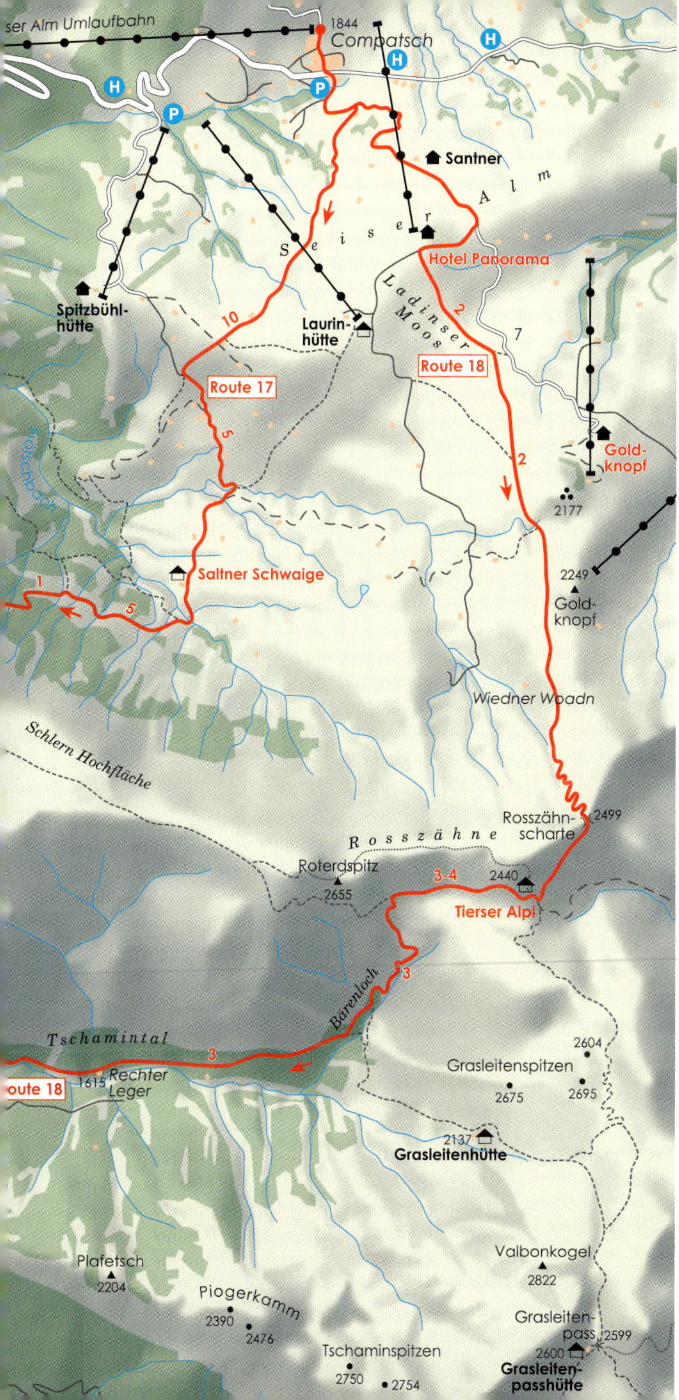

Seiser Alm Umlaufbahn
1844
Compatsch
Santner
Seiser Alm
Hotel Panorama
Spitzbühl-hütte
Laurin-hütte
Ladinser Moos
Route 17
Route 18
Gold-knopf
2177
Fötschbach
Saltner Schwaige
2249
Gold-knopf
Wiedner Woadn
Schlern Hochfläche
Rosszähn-scharte
2499
Rosszähne
Roterdspitz
2655
3-4
2440
Tierser Alpl
Bärenloch
Tschamintal
1615
Rechter Leger
oute 18
2604
Grasleitenspitzen
2675
2695
2137
Grasleitenhütte
Valbonkogel
2822
Plafetsch
2204
Piogerkamm
2390
2476
Grasleiten-pass
2599
2600
Grasleiten-passhütte
Tschaminspitzen
2750
2754

# Im Zickzack zur Rosszähnscharte

*Von der Seiser Alm durch das Bärenloch nach Tiers*

Die Felsspitzen der Rosszähne überragen die Seiser Alm im Süden. Der Steig zum Tierser Alpl führt im steilen Zickzack hinauf zur Scharte (Bildmitte).

**Talort:** Seis am Schlern

**Ausgangspunkt:** Compatsch, 1844 m

**Endpunkt:** St. Zyprian, 1071 m

**Höhenunterschied:** ↑ 655 m, ↓ 1428 m

**Höchster Punkt:** 2499 m (Rosszähnscharte)

**Gehzeit:** 6 Std.
2 ½ Std. Compatsch – Tierser Alpl

**Anforderungen:** lange Bergwanderung, die Trittsicherheit und Ausdauer voraussetzt; der Abschnitt Bärenloch ist etwas ausgesetzt, teilweise mit Drahtseilen gesichert

**Einkehrmöglichkeit:**
Hotel Goldknopf, Tel. 0471 72 79 15;
Tierser Alpl, Tel. 0471 72 79 58;
Tschaminschwaige, Tel. 0471 64 20 10

**Beste Jahreszeit:** Mitte Juni bis Anfang Oktober

**Linienbus:** verkehrt fünfmal am Tag von Tiers-St. Zyprian nach Völs/Seis in beiden Richtungen.

■ Die beschriebene Bergtour ist zwar lang, aber sehr lohnenswert; sie führt durch eine wilde Naturlandschaft mit einmaligen Panoramabildern und herrlichem Ausblick auf die Seiser Alm, auf den Schlern und zum Rosengarten.

➡ Wir wandern von Compatsch, das man mit der Umlaufbahn von Seis bequem erreicht (vgl. Wanderung Nr. 20), auf einer Asphaltstraße zum Hotel Panorama (2009 m). Es besteht auch die Möglichkeit, das Hotel Panorama bequem mit dem Sessellift zu erreichen. Von dort geht es westwärts auf Steig 2 über das Ladinser Moos in Richtung Goldknopf, den wir rechter Hand umgehen. Im Anblick der Rosszähne zunächst leicht ansteigend, dann immer steiler hinauf zur Rosszähnscharte (2499 m). Nach deren Überschreitung geht es fast eben bis zum Schutzhaus Tierser Alpl (2440 m).

Nun folgt man leicht absteigend zunächst der Markierung 3-4, ab der Weggabelung Steig 3 ziemlich steil durch das Bärenloch hinunter ins Tschamintal. Die wenigen schwierigen Stellen sind mit Drahtseilen gut gesichert. Im Talschluss auf 1890 m Höhe trifft man auf die Mündung des Grasleitentales, in welchem sich die gleichnamige Schutzhütte befindet. Von hier führt die Wanderung durch das grüne Tschamintal zur Tschaminschwaige und weiter nach St. Zyprian (vgl. Wanderung Nr. 15).

**Karte: siehe Seite 72/73**

**Blick auf die Seiser Alm von der Rosszähnscharte aus**

# Rundwanderung auf der Seiser Alm

*Leichte Wanderung inmitten einer einmaligen Almlandschaft*

Eine Almhütte zwischen Hotel Panorama und Laurinhütte. Im Hintergrund der Langkofel (3181 m) und rechts davon der Plattkofel (2958 m)

**Talort:** Seis am Schlern

**Ausgangspunkt:** Compatsch, 1844 m

**Endpunkt:** Compatsch

**Höhenunterschied:** 165 m

**Höchster Punkt:** 2009 m

**Gehzeit:** 2 ½ Std.

**Anforderungen:** leicht und problemlos

**Einkehrmöglichkeit:** Rauchhütte, Tel. 0471 72 78 30; Laurinhütte, Tel. 0471 72 78 02; Hotel Panorama, Tel. 0471 72 79 68

**Beste Jahreszeit:** Ende Mai bis Anfang November

**Umlaufbahn Seis – Compatsch:** von 8 bis 19 Uhr

**Schließung der Seiser-Alm-Straße:** von 9 bis 17 Uhr

**Zubringerdienst** zur Seiser-Alm-Umlaufbahn (auf der Strecke Panidersattel bis Völs) im 15–30-Minuten-Takt. Linienbusse verkehren regelmäßig auf der Alm zwischen Compatsch und Saltria.

■ Der Zugang zur Seiser Alm ist streng geregelt und erfolgt über die Seiser-Alm-Umlaufbahn. An der Talstation in Seis stehen ausreichend Parkplätze kostenlos zur Verfügung, zudem gibt es zwischen Kastelruth und Völs einen Autobus-Zubringerdienst.

Diese Verkehrseinschränkung hat zweifellos zu einer Beruhigung der Alm geführt und das Hochplateau wieder zu einem der beliebtesten Wandergebiete für in- und ausländische Touristen gemacht. Auf der Verbindungsstraße von Compatsch nach Saltria verkehren regelmäßig Linienbusse.

**Zeittafel in Compatsch** (Stunden)

| | |
|---|---|
| Gasthaus Goldknopf | 1 |
| Sattlerschwaige | 1½ |
| Mahlknechthütte | 1½ |
| Dialer | 2 |
| Tierser Alpl | 2½ |
| Zallingerhütte | 3 |
| Hotel Panorama | ½ |
| Laurinhütte | ¾ |
| Spitzbühl | 1 |
| Prosslinerschwaige | 1¼ |
| Schlernbödelehütte | 2 |
| Schlernhäuser | 3¼ |
| Almrosenhütte | 1¼ |
| Saltnerschwaige | 1¼ |

➡ Der Rundgang beginnt in Compatsch, das man mit der Umlaufbahn von Seis erreicht (vgl. Wanderung Nr. 20). Von hier wandern wir zu Fuß auf der Asphaltstraße ostwärts. Ab und zu begegnet man den Pferdekutschen, die Touristen von Compatsch zu einem Aussichtspunkt in der Nähe der Rauchhütte bringen, von dem man einen wunderschönen Blick auf den Langkofel und Plattkofel hat. Links im Hintergrund sieht man die Bergstation der Ciampinoi-Bahn, die von Gröden heraufkommt. Den Aussichtspunkt (1862 m), der auch als Rastplatz dient, erreicht man zu Fuß in 45 Minuten.

Nach einer kurzen Rast geht es auf dem breiten Weg 3 in angenehmer Steigung in Richtung Westen. Während des Aufstiegs ha-

**Zeittafel Wegkreuzung Hotel Panorama** (Stunden)

| | | | |
|---|---|---|---|
| Laurinhütte | 20 Min. | Peterlungerschwaige | 1 |
| Spitzbühl | ½ | Rosszähnscharte | 2 |
| Prosslinerschwaige | ¾ | Tierser Alpl | 2¼ |
| Saltnerschwaige | ¾ | Gasthaus Goldknopf | ½ |
| Schlernhäuser | 2¾ | Dialer | 1¾ |
| Sattlerschwaige | 1 | Mahlknechthütte | 1¼ |

Auf dem Rückweg vom Hotel Panorama nach Compatsch: Krokusse blühen auf den Wiesen. Im Hintergrund der Schlern (2568 m) mit der Euringer- (2394 m) und der Santnerspitze (2413 m)

ben wir die Rosszähne vor uns, einen Bergkamm, der die Seiser Alm vom Tierser Tal trennt. Nach ungefähr 20 Minuten kommen wir zu einer Wegkreuzung. Wir nehmen den Pfad (Mark. S), der kurz gegen Süden zu einem Kamm aufsteigt, hinter uns sieht man den Lang- und Plattkofel. Wir wandern bequem weiter bis zur Kreuzung (1981 m) mit der Almstraße, die von Compatsch kommt. Links geht es hinauf zu den Rosszähnen und zum Fassajoch über dem Durontal. Wir setzen unsere Wanderung jedoch westwärts in Richtung Panorama-Hotel (2009 m, hierher

Die Talstation der Umlaufbahn auf die Seiser Alm in Seis

gibt es auch einen Sessellift direkt von Compatsch herauf) fort. Nach 15 Minuten erreichen wir die Laurinhütte (2005 m), eine gut ausgestattete Berghütte mit einer großen Terrasse und Ausblick auf den Ritten mit den Sarntaler Alpen. Überwältigend ist aber vor allem das Panorama mit dem Schlernmassiv und den beiden Felstürmen Euringer und Santner.

| **Zeittafel Wegkreuzung Gasthaus Ritsch** | (Stunden) |
|---|---|
| **St. Ulrich** (zur Umlaufbahn) | 1 |
| **Pufels** | 1¼ |
| **Saltria** | ¾ |

Nicht weit entfernt, in einer Wiese südlich der Hütte, trifft man auf eine Tafel, die auf die Grenze des Naturparks Schlern-Rosengarten hinweist, eine ausgedehnte Schutzzone, die sich bis zur Rosengartengruppe erstreckt.

Für den Rückweg empfehlen wir, zum Hotel Panorama zurückzuwandern und dann links ab direkt zu den Parkplätzen bzw. zur Bergstation der Umlaufbahn in Compatsch hinunterzuwandern.

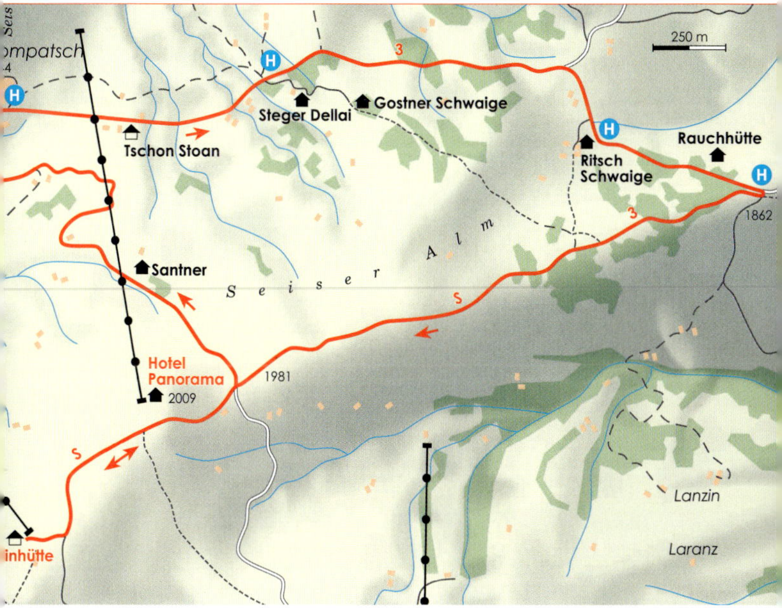

20

# Zur Saltnerschwaige auf der Seiser Alm

*Gemütliche Rundwanderung auf der größten Hochalm Europas*

Blick auf den Schlern mit den Felstürmen Euringer (2394 m) und Santner (2413 m) vom Wanderweg zwischen Laurinhütte und Saltnerschwaige aus.

**Talort:** Seis am Schlern

**Ausgangspunkt:** Compatsch, 1844 m

**Endpunkt:** Compatsch

**Höhenunterschied:** 200 m

**Höchster Punkt:** 2010 m

**Gehzeit:** 2 ½ Std.

**Anforderungen:** leicht und problemlos

**Einkehrmöglichkeit:**
Hotel Panorama, Tel. 0471 72 79 68;
Laurinhütte, Tel. 0471 72 78 02;
Saltnerschwaige, Tel. 0471 72 78 04

**Beste Jahreszeit:** Ende Mai bis Anfang November

Die kleine und für die Seiser Alm typische Saltnerschwaige (1825 m) mit den charakteristischen Felstürmen im Hintergrund

■ Eine leichte Wanderung zur gemütlichen Saltnerschwaige in der Nähe des Schlernmassivs und seinen charakteristischen Felstürmen Euringer und Santner.

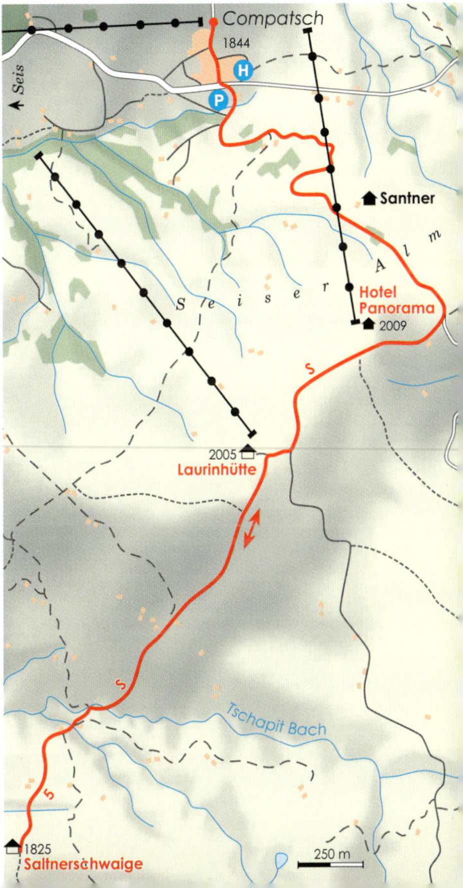


➡ Ausgangspunkt dieser Wanderung ist der Ort Compatsch auf der Seiser Alm, den man mit einer Umlaufbahn von Seis bequem erreicht (vgl. Wanderung Nr. 19). Unser erstes Ziel, das Berghotel Panorama, erreicht man entweder zu Fuß auf der für den Autoverkehr gesperrten Asphaltstraße oder ganz bequem mit dem Sechser-Sessellift. Vom Hotel Panorama geht es fast eben westwärts zur nahe gelegenen Laurinhütte. Diese Hütte steht auf einem mit Gras bewachsenen Fels-

Von der Laurinhütte weg verläuft der Steig zunächst eben, bevor er zur Saltnerschwaige leicht absteigt, wie auf der 140-Grad-Panoramaaufnahme zu erkennen ist. Hinter der Hütte zweigt der Touristensteig ab, der sich in langen Serpentinen am Schlernrücken zu den Schlernhäusern (2457 m) emporwindet.

sockel gegenüber der beiden Felstürme des Schlernmassivs. Von hier führt der Weg im leichten Abstieg quer durch ausgedehnte Weideflächen in Richtung Süden zur Saltnerschwaige (1825 m) am Fuße des Schlern. Vom Hotel Panorama bis hierher braucht man ungefähr 45 Minuten. Der Rückweg erfolgt über den beschriebenen Hinweg.

Ausgedehnte Weideplätze auf dem Weg von Compatsch zum Hotel Panorama, links im Hintergrund der Langkofel, rechts der Plattkofel

# Die Kaiserin-Elisabeth-Promenade

*Panoramaweg zur Gedenkstätte der Kaiserin Sissi*

An den Wegkreuzungen befinden sich ausreichend Hinweisschilder.

**Talort:** Siedlung Karersee-Welschnofen

**Ausgangspunkt:** Gasthof Meierei, 1556 m

**Endpunkt:** Gasthof Meierei

**Höhenunterschied:** unbedeutend; ca. 400 m beim Abstieg nach Welschnofen

**Höchster Punkt:** 1580 m

**Gehzeit:** 1½ Std.

**Anforderungen:** leicht und problemlos

**Einkehrmöglichkeit:**
Gasthof Meierei, Tel. 0471 613196
Ladritscherhof, Tel. 333 269 37 82

**Beste Jahreszeit:** Frühjahr bis Spätherbst

**Variante:** Abstieg nach Welschnofen ¾ Std.

Der Spazierweg verläuft gegenüber den Latemarspitzen.

➡ Nach den beiden großen Kehren auf der Straße vom Eggental zum Karer Pass biegt man links in eine schmale Asphaltstraße (Hinweisschild »Simhild«) ein. Nach etwas mehr als 1½ Kilometern erreicht man den Gasthof Meierei. Kurz vor der Schranke stellt man das Auto am Straßenrand ab und geht zu Fuß weiter. Der Spazierweg zieht sich über eine schöne schmale Forststraße fast eben oder nur leicht ansteigend am Waldhang entlang und ist nach der Kaiserin Elisabeth benannt. Er soll an die Ferienaufenthalte der Kaiserin von Österreich und Ungarn am Karer Pass erinnern.

Dieser Panoramaweg ist sehr leicht und kann von jedermann begangen werden. Auf seiner ganzen Länge hat man eine faszinierende Aussicht zu den Nordwänden der Latemargruppe mit ihren unvergleichbaren Türmen und Zacken. Von Schönblick erreicht man in zirka zehn Minuten die Berghütte Pitschölerhof und nach wenigen Minuten die Häusergruppe mit dem Dritscher- und Ladritscherhof. Nicht weit entfernt befindet sich eine Rastbank, und kurz danach entdeckt man unterhalb des Weges eine Säge. Genau an dieser Stelle bietet sich die beste Gelegenheit, diese prächtigen Felsformationen mit der Kamera einzufangen.

Das Ziel des Panoramaweges: das Denkmal der Kaiserin Elisabeth

Nach etwa 25 Minuten Gehzeit stößt man auf eine weitere Schranke (1580 m); nach der nächsten Kurve muss man die Forststraße, die nach Norden abbiegt, verlassen und dem Hinweisschild »Elisabeth Promenade« folgen. Dieser Weg führt durch ein kurzes Waldstück und kommt dann auf eine Wiese, auf der sich das Denkmal zu Ehren der Kaiserin Elisabeth befindet. Der Rückweg erfolgt über den Hinweg.

Wer die Möglichkeit hat, ein zweites Auto in Welschnofen abzustellen, kann den Promenadenweg nach Welschnofen (1182 m) fortsetzen. Vom erwähnten Denkmal steigt man auf einem gut ausgeschilderten Waldweg hinunter ins Tal des Frommerbaches und dann den Bach entlang nach Welschnofen.

Der Waldweg hinunter nach Welschnofen

# Vom Karer Pass zur Poppekanzel

*Aussichtspunkt auf Rotwand, Rosengarten und Schlern*

Der Latemar mit den nach ihm benannten Wiesen (1910 m) am Karer Pass; ganz links die Poppekanzel

**Talort:** Welschnofen, Tiers

**Ausgangspunkt:** Karer Pass, 1750 m

**Endpunkt:** Karer Pass

**Höhenunterschied:** 710 m

**Höchster Punkt:** 2460 m

**Gehzeit:** knapp 3 Std.

**Anforderungen:** für gehgewohnte und trittsichere Wanderer nicht schwierig; der letzte Abschnitt ziemlich steil

**Einkehrmöglichkeiten:** am Karer Pass

**Beste Jahreszeit:** Anfang Juni bis Anfang Oktober

Der Karersee mit den Latemarspitzen, die sich darin spiegeln

Gegenüber vom Hotel Rosengarten am Karer Pass (hierher mit dem Privatauto oder auch mit dem Linienbus) wandert man kurz auf einer schmalen Straße südwärts bis zu einer Wegteilung. Wir entscheiden uns für den Wanderweg rechts und folgen der Markierung 17 »Poppekanzel«. Der Weg durchquert ausgedehnte Wiesen und führt zum Wald hinauf. Hier stößt man auf einen Wegweiser mit der Markierung 17 und wandert über einen steinigen Steig, bis man nach kurzer Zeit die Latemarwiesen erreicht. Immer der weiß-roten Markierung auf den Steinen folgend durchquert man die weiten Bergwiesen bis zum Waldrand (1910 m). Von hier erreicht man die Poppekanzel in 1 Stunde.

Der Rückweg erfolgt bis zu den Latemarwiesen auf dem Hinweg, dann steigt man zu einer Forststraße ab und schnell danach rechts hinunter (Mark. 13) zu einer Alm. Wir bleiben auf der Forststraße bis zur Abzweigung. Das letzte Wegstück zurück zum Karer Pass ist mit der Nummer 21 markiert.

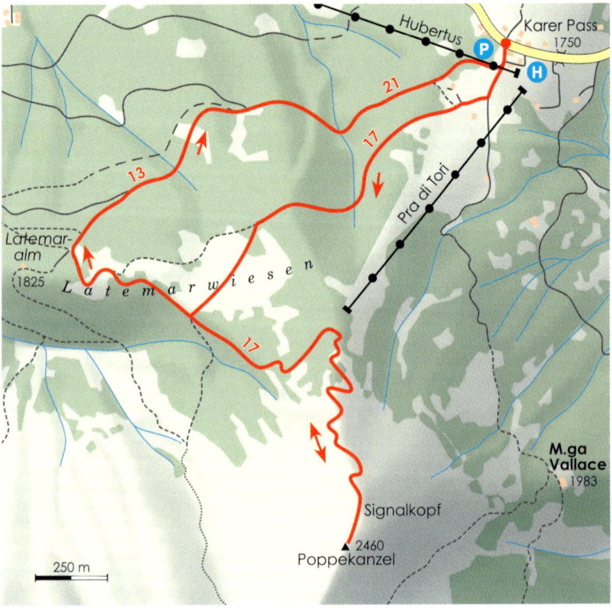

# Der Labyrinthsteig

*Wanderung durch die Steinwüste des Latemar*

Der Weg führt durch die Geröllmassen am Fuß des Latemar. Hier finden sich so manche Klettergelegenheiten für Kinder.

**Talort:** Welschnofen, Tiers

**Ausgangspunkt:** Karer Pass, 1750 m

**Endpunkt:** Karer Pass

**Höhenunterschied:** 245 m

**Höchster Punkt:** 1850 m

**Gehzeit:** 3 ½ Std.

**Anforderungen:** für etwas gehgewohnte Wanderer nicht schwierig

**Einkehrmöglichkeiten:** am Karer Pass

**Beste Jahreszeit:** Anfang Juni bis Mitte Oktober

■ Dieser Steig führt durch ein Labyrinth von Felsblöcken und Gesteinsmassen unterhalb der Latemargruppe. Vor allem für Kinder ist diese Wanderung äußerst spannend. Den Zugang erreicht man über einen Waldweg vom Karer Pass her.

➡ Am Karer Pass, den man auch mit dem Linienbus gut erreicht, folgen wir gegenüber vom Hotel Rosengarten der Markierung 21. An der ersten Abzweigung geht es rechts über eine Wiese dem Wald zu, zuerst leicht absteigend, dann auf einer Forststraße fast eben weiter und schließlich etwas ansteigend zur nächsten Wegkreuzung. Von dort steigt man links ein kleines Stück hinauf (Mark. 13) und setzt die Wanderung rechts auf Pfad 21 fort, der wieder in eine Forststraße mündet und westwärts eine Waldlichtung er-

Der Steig vom Mitterleger (1839 m) zu den Zacken des Latemar

reicht. Jetzt zweigt ein Steig ab und führt durch den Wald hinunter. Auf 1750 m kreuzt er den Weg 18, der vom Hotel Karer See herauf kommt. Man bleibt auf dem Steig 21 und folgt dem Hinweis »Mitterleger« (30 Minuten). Die Almhütte Mitterleger (1839 m) mitten auf einer schönen Bergwiese ist meistens geschlossen. Für eine kurze Erholung und Stärkung stehen Bänke und Tische zur Verfügung. Auf dem Steig 21 würde man in etwa 2 Stunden Obereggen erreichen. Wir folgen aber der Markierung 20, dem Labyrinthsteig, ostwärts zu den Türmen und Felszacken des Latemar, queren drei Geröllrinnen und überschreiten auf 1850 m Höhe die Baumgrenze. Jetzt öffnet sich uns ein herrliches Panorama auf den Rosengarten. Unser Weg führt durch Schutthalden weiter in Richtung Osten und windet sich durch ein wahres Labyrinth von kleineren und größeren Felsblöcken; manchmal muss man sich sogar mit den Händen weiterhelfen. Zur besseren Orientierung ist der Steig mit weiß-roter Lackfarbe gut markiert. Das letzte Teilstück der Rundwanderung erfolgt auf Pfad 18 und ab 1750 m Höhe auf dem Pfad 21 des Aufstiegsweges.

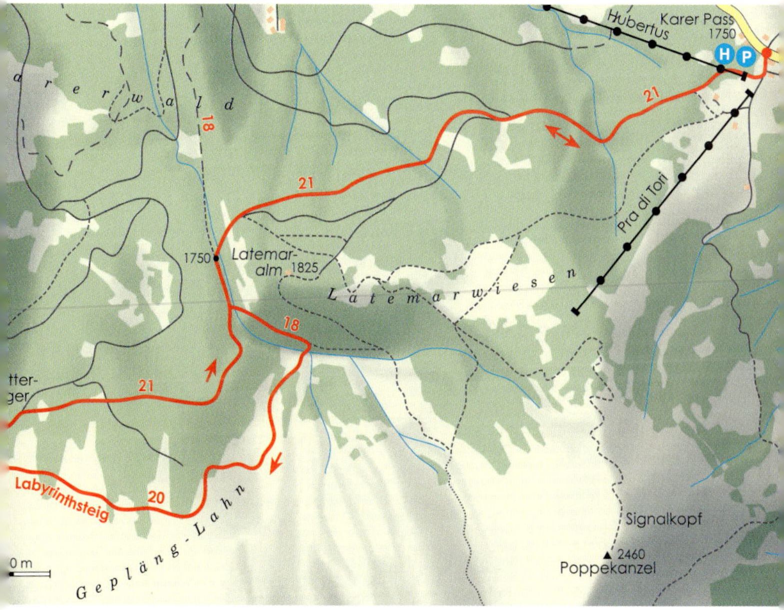

24

# Vom Nigerpass zur Hagneralm

*Gemütliche Mountainbike-Tour oder Wanderung*

Der schöne Niger-Forstweg zwischen Nigerpass und Hagneralm mit Blick zum Rosengarten

**Talort:** Welschnofen, Tiers

**Ausgangspunkt:** Frommeralm, 1743 m

**Endpunkt:** Frommeralm

**Höhenunterschied:** 510 m, meist bergab

**Höchster Punkt:** 1743 m

**Fahrzeit:** ¾ Std.

**Gehzeit:** 2 ¼ Std.

**Anforderungen:**
ideal als Mountainbike-Tour; für gehgewohnte Wanderer leicht und problemlos, meist bergab;

**Einkehrmöglichkeit:**
Hagneralm, Tel. 0471 61 33 65

**Beste Jahreszeit:** Mitte Mai bis Ende Oktober

Man startet mit dem Fahrrad oder zu Fuß vom Parkplatz gegenüber der Frommeralm zwischen Niger- und Karer Pass und fährt auf der Hauptstraße zuerst eben, dann abwärts in Richtung Norden zum Nigerpass. Vor der Nigerpasshütte verlässt man die Passstraße und biegt in den Niger-Forstweg ein. Zunächst folgt man dem Hinweisschild »Hagneralm – Schillerhof« bis zu einer Weggabelung. Wir raten, den nicht so steil abfallenden rechten Weg zu nehmen. Während der Fahrt werden wir immer wieder von der Faszination der Rosengartengruppe zu unserer Linken in den Bann gezogen. Bald erreichen wir einige Häuser (1650 m) und wenige Minuten später die Hagneralm (1555 m). Dieser Ort, das Hauptziel unserer Tour, ist ein großartiger Aussichtspunkt. Wer will, kann auch die besondere Spezialität der Almhütte, nämlich Preiselbeeren mit Sahne, versuchen. Nach dieser angenehmen Anfahrt kann der Rückweg ruhig etwas anspruchsvoller werden. Vor der Hagneralm führt nämlich eine ziemlich steile Schotterstraße ins Tal des Ratzölerbaches hinunter zu den Häusern oberhalb von Welschnofen. Nach der letzten Brücke, zu Beginn der Asphaltstraße, nimmt man den Weg 4D auf der linken Seite. Der Weg verläuft im Auf und Ab durch einen Fichtenwald und endet an der Talstation des Sesselliftes zur Frommeralm, mit dem man zum Ausgangspunkt gelangt.

Wer noch fit genug ist, fährt auf der Forststraße durch das Pernter Tal zum Nigerpass und weiter auf der Passstraße zur Frommeralm.

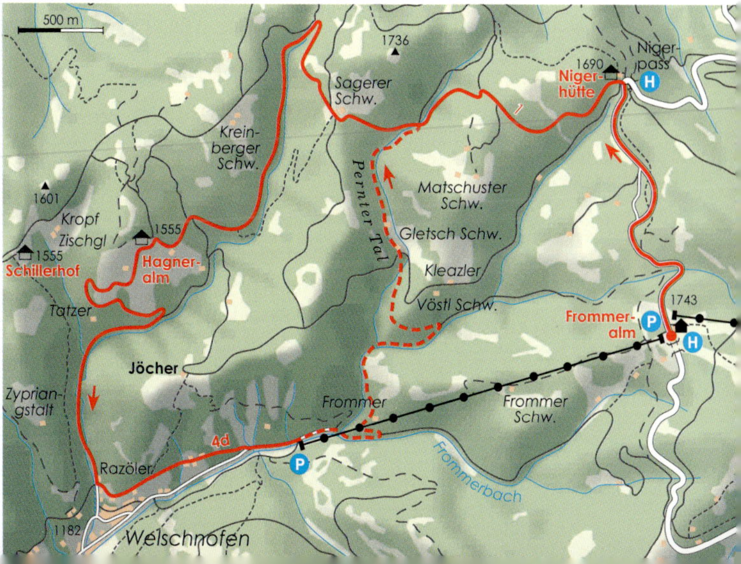

25

# Zur Hagneralm und zum Schillerhof

*Vom Nigerpass über die Wolfsgrube nach Tiers*

Der Schillerhof (1555 m), eine gern besuchte Jausenstation mit einmaligem Blick zum Rosengarten

**Talort:** Tiers, Welschnofen

**Ausgangspunkt:** Nigerpass, 1690 m

**Endpunkt:** Tiers, 1025 m

**Höhenunterschied:** 725 m, meist absteigend

**Höchster Punkt:** 1690 m

**Gehzeit:** 2 ½ Std.

**Anforderungen:** für gehgewohnte Wanderer leicht und problemlos, größtenteils bergab; ideal auch als Mountain-Bike-Tour

**Einkehrmöglichkeit:**
Hagneralm, Tel. 0471 61 33 65;
Schillerhof, Tel. 340 4 83 98 53

**Beste Jahreszeit:** Mitte Mai bis Anfang November

Der Forstweg nach der Schranke (1610 m) in Richtung Hagneralm. Im Hintergrund die Latemargruppe

Den Ausgangspunkt der Wanderung, den Nigerpass (1690 m), erreicht man am besten mit dem Linienbus. Neben der Nigerhütte zweigt ein Waldweg (Mark. 1) in Richtung Westen ab. Der Weg kreuzt mit verschiedenen Teilstücken von kleineren Forstwegen und ist weiß-rot markiert bzw. mit Hinweistafeln ausgeschildert. Zuerst erreicht man die Erhebung Buselinegg (1655 m) mit Blick ins Tierser Tal. Der Steig führt hinab zu einer Schranke (1610 m) und mündet in eine breitere Forststraße, die leicht bergab am Rande ausgedehnter Bergwiesen verläuft und den Blick auf die Latemargruppe freigibt. An der nächsten Abzweigung folgt man dem Hinweisschild zur nahe gelegenen Jausenstation Hagneralm (1555 m); eine Spezialität dieser Hütte sind Preiselbeeren mit Schlagsahne. Nach der Hagneralm bleibt man noch kurz auf dem Forstweg, bevor man auf Steig 4A westlich in den Wald abzweigt und auf der Forststraße (Mark. 1) zum Schillerhof wandert. Nach der ersten Kehre geht ein markierter Pfad ab und führt in eine enge

Im Fenster der Hagneralm spiegelt sich die Latemargruppe.

Blick von der Wolfsgrube ins innere Tierser Tal mit St. Zyprian

Waldschlucht. Von der sogenannten Wolfsgrube geht es schließlich hinunter in Richtung Tiers (Mark. 5 »Tiers«). Zunächst überquert man auf einer kleinen Brücke den Breibach (965 m), dann geht es 600 m auf einer Asphaltstraße hinunter zu den ersten Häusern und von da auf einem Saumpfad hinauf bis zum Gasthof Laurin in Tiers.

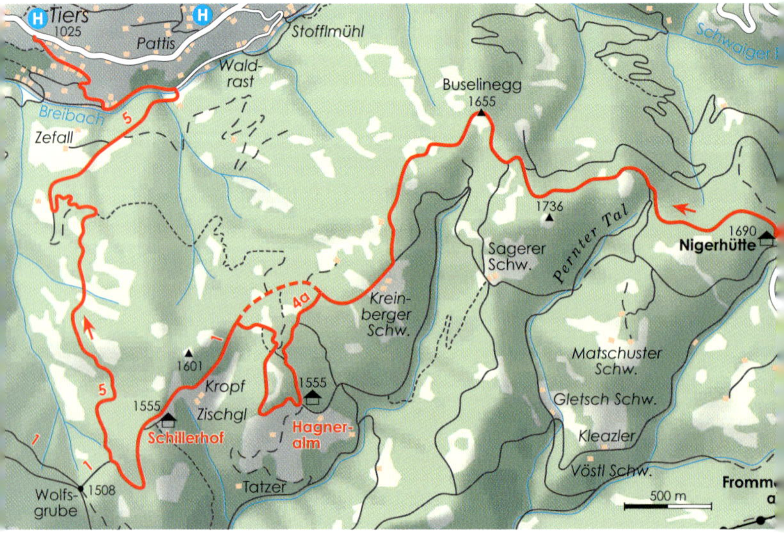

# Hanickerschwaige

*Beliebtes Ausflugsziel am Fuße der Laurinswand*

Die Hanickerschwaige erfreut sich großer Beliebtheit bei Jung und Alt.

**Talort:** Tiers, Welschnofen

**Ausgangspunkt:** Nigerpass, 1690 m

**Endpunkt:** St. Zyprian, 1071 m

**Höhenunterschied:** ↑ ca. 400 m, ↓ 950 m

**Höchster Punkt:** 2000 m

**Gehzeit:** 3 ¼ Std.
1 ¾ Std. Nigerpass – Hanickerschwaige

**Anforderungen:** für gehgewohnte Wanderer leicht und problemlos

**Einkehrmöglichkeit:**
Hanickerschwaige, Tel. 347 898 4174;
Plafötschalm, Tel. 347 462 7329

**Beste Jahreszeit:** Mitte Mai bis Mitte Oktober

Einmaliger Blick auf den Rosengarten und die Vajolettürme von Plafötsch aus

■ Eine lohnenswerte Wanderung zu Füßen des Rosengartens (Laurinswand) in unmittelbarer Nähe der berühmten Vajolettürme. Vom Nigerpass wandert man zur Hanickerschwaige und steigt dann über weite Wiesen und schöne Wälder hinunter nach St. Zyprian in Tiers.

➡ Den Ausgangsort Nigerpass erreicht man am besten mit dem Linienbus. Wir empfehlen, das Privatauto in St. Zyprian in der Nähe des Hotels Cyprianerhof abzustellen.

Vom Parkplatz am Nigerpass (1690 m) zweigt ein Forstweg (Mark. 1 und 7) in Richtung Baumannschwaige bzw. Hanickerschwaige ab (Beschilderung) und führt steil durch den Wald hinauf. Kurz vor der Baumannschwaige (1845 m) wird der Schwaigerbach überquert. Im Schatten des Fichtenwaldes steigt man immer der Markierung 7 folgend bis 2000 m hinauf. Dann wandert man fast eben über ausgedehnte Bergwiesen unterhalb der Laurinswand und der Vajolettürme und genießt den schönen Ausblick ins Tierser Tal. Durch kurze Waldabschnitte und Wiesenhänge geht es hinunter in die Mulde der Hanickerschwaige (1904 m), wegen des köstlichen Kaiserschmarrns ein beliebtes Einkehrziel.

Von hier kann man den gleichen Weg wieder zurückgehen oder nach Tiers absteigen und die Rundwanderung vollständig beenden.

Kurz vor der Hanickerschwaige führt ein Verbindungsweg durch den Wald zur Nigerpassstraße. Wir raten aber, die Alm zu durchwandern und dem Steig an der rechten Talseite in Richtung Norden zu folgen. Man erreicht den Angelbach und folgt dem Weg 7 bergab, weiter über einer kleinen Brücke kommt man zur Forststraße. Auf dieser bis zur Abzweigung des Wandersteiges 7 der rechts ab zur Plafötsch-Alm führt. Von Plafötsch aus hat man einen einmaligen Panoramablick auf den Rosengarten mit seinen bizarren Felszacken, auf die Vajolettürme und die Laurinswand. Hinter dem Waldrücken des Nigerpasses erscheint das eindrucksvolle Bild der Latemargruppe.

Der Steig zur Hanickerschwaige inmitten der hochgelegenen Bergwiesen unterhalb der Laurinswand

Rast am Wegkreuz auf der Forststraße Plafötsch

Nach den Almhütten von Plafötsch kommt man zu einem Gitter (Straßensperre) und einem schönen Wegkreuz mit einer Bank zum Verweilen. Nun geht es bergab, immer auf Markierung 7, zuerst zu den Wiesen mit den kleinen Holzscheunen (1465 m), dann durch den Wald hinunter zur Kehre Nr. 3 der Straße von St. Zyprian zum Nigerpass und erreicht bald den Cyprianerhof.

# Über das Tschagerjoch

*Beeindruckende Überschreitung im Rosengartengebiet*

Blick vom Tschagerjoch in die Talmulde von Gardeccia und ins Fassatal

**Talort:** Tiers, Welschnofen

**Ausgangspunkt:** Frommeralm, 1743 m, bzw. Kölner Hütte, 2339 m

**Endpunkt:** St. Zyprian, 1071 m

**Höhenunterschied:** ↑ ca. 650 m, ↓ ca. 1900 m

**Höchster Punkt:** 2635 m (Tschagerjoch)

**Gehzeit:** 6 ½ Std.
2 Std. Kölnerhütte – Vajolethütte
1 Std. Vajolethütte – Grasleitenpass
1 Std. Grasleitenpass – Grasleitenhütte
2 ½ Std. Grasleitenhütte – St. Zyprian

**Anforderungen:** für ausdauernde und geübte Geher nicht schwierig, aber lang

**Einkehrmöglichkeit:**
Kölner Hütte, Tel. 335 656 35 12;
Vajolethütte, Tel. 0462 76 32 92;
Preusshütte, Tel. 0462 76 48 47;
Grasleitenhütte, Tel. 0471 64 21 03;
Tschaminschwaige, Tel. 0471 64 20 10

**Beste Jahreszeit:** Mitte Juni bis Ende September

■ Auf den anspruchsvollen Aufstieg von der Frommeralm im Eggental zum Tschagerjoch folgt die landschaftlich einmalige Querung des Vajolettales unterhalb der Rosengartenspitze und der Vajolettürme. Die anschließende Überschreitung des Grasleitenpasses und der lange Abstieg ins Tschamintal werden zu einem unvergesslichen Bergerlebnis.

➡ Von der Frommeralm (1743 m) an der Straße zwischen Niger- und Karer Pass (hierher mit dem Linienbus) kann man mit dem Laurin-Sessellift direkt zur Kölner Hütte auf 2339 m hinauffahren. Diese Hütte befindet sich in einer einmaligen Lage mit Ausblick ins Eggen- und Tierser Tal und zum Schlernmassiv. Hinter der Kölner Hütte führen Steigspuren (Mark. 550 und 542) in zirka 15 Minuten über einen Felsrücken (der Abschnitt ist durch ein Drahtseil gesichert) zu einer Wegteilung. Wir entscheiden uns für den steilen Aufstieg zum Tschagerjoch (2635 m), ein bevorzugter Übergang ins Vajolettal. Nach der Überschreitung geht es leicht abwärts auf dem Pfad 541 in Richtung Norden zu den beiden Berghütten Vajolet und Preuss (2243 m). Von diesem Punkt erreicht man auf Steig 584 nordwärts aufsteigend den Grasleitenpass (2600 m). Nun beginnt der lange Abstieg: zuerst hinunter in die weite Geröllarena des Grasleitenkessels, dann weiter zur Grasleitenhütte (2137 m) und schließlich hinunter ins wildromantische Tschamintal mit der Tschaminschwaige am Taleingang (vgl. Wanderung Nr. 15). Von der Grasleitenhütte bis zur Tschaminschwaige rechnet man etwa 2 ½ Stunden Gehzeit.

Der Abstieg vom Tschagerjoch zu den Berghäusern Vajolet und Preuss

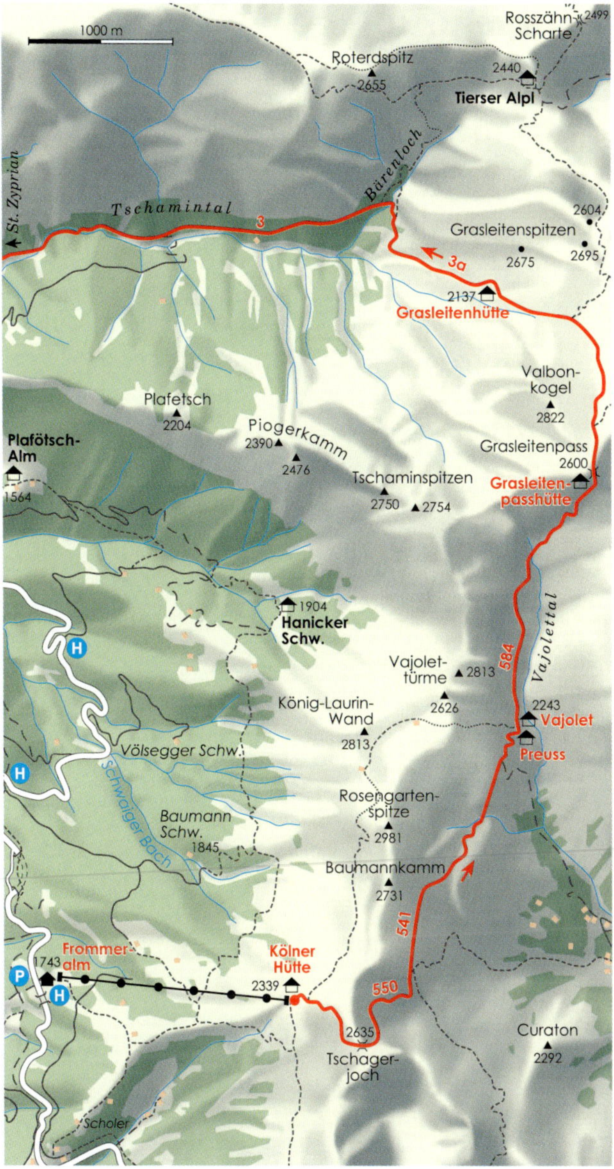

1000 m
Rosszähn-Scharte
2499
Roterdspitz
2655
2440
Tierser Alpl
Bärenloch
St. Zyprian
Tschamintal
3
3a
2604
Grasleitenspitzen
2675
2695
2137
Grasleitenhütte
Valbon-kogel
2822
Plafetsch
2204
Piogerkamm
2390
2476
Plafötsch-Alm
1564
Tschaminspitzen
2750
2754
Grasleitenpass
2600
Grasleiten-passhütte
1904
Hanicker Schw.
H
Vajolettal
584
Vajolet-türme
2813
2626
König-Laurin-Wand
2813
2243
Vajolet
Preuss
Völsegger Schw.
H
Schwaiger Bach
Baumann Schw.
1845
Rosengarten-spitze
2981
Baumannkamm
2731
541
Frommer-alm
1743
P
H
Kölner Hütte
2339
550
2635
Tschager-joch
Curaton
2292
Scholer

# Tschagerjoch, Cigolade-, Vajolonpass

*Überschreitung von drei Pässen inmitten der Rosengartengruppe*

Panoramablick von der Rotwandhütte zur Mugonispitze, zum Cigolade, zu den Pale Rabbiose und zum Hochplateau von Ciampedie oberhalb des Fassatales. In der Bildmitte ist der Cigoladepass (2550 m) zu sehen.

**Talort:** Tiers, Welschnofen

**Ausgangspunkt:** Frommeralm, 1743 m, bzw. Kölner Hütte, 2339 m

**Endpunkt:** Frommeralm

**Höhenunterschied:** ca. 900 m

**Höchster Punkt:** 2635 m (Tschagerjoch)

**Gehzeit:** 6 ¼ Std.
1 Std. Kölner Hütte – Tschagerjoch
1 ¾ Std. Tschagerjoch – Cigoladepass
1 ¾ Std. Cigoladepass – Vajolonpass
1 ¾ Std. Vajolonpass – Kölner Hütte

**Anforderungen:** lange und anspruchsvolle Bergtour in steilem und teilweise abschüssigem Gelände

**Einkehrmöglichkeit:**
Kölner Hütte, Tel. 0471 61 20 33

**Beste Jahreszeit:** Mitte Juni bis Anfang Oktober

■ Eine bezaubernde Höhenwanderung inmitten der Rosengartengruppe, die von der Kölner Hütte (Zugang von der Frommeralm) zum Tschagerjoch führt, die beiden Pässe Cigolade und Vajolon am Fuß der Mugonispitze (2734 m) überschreitet und über den Hirzelweg wieder die Kölner Hütte erreicht.

➡ Von der Talstation Frommeralm (1743 m) direkt an der Nigerpassstraße erreicht man mit dem Laurin-Sessellift bequem die Kölner Hütte (2339 m). Bei der Hütte folgt man dem Steig 550 steil hinauf zum Tschagerjoch (2635 m). Nach diesem Übergang wandert man im leichten Abstieg den Hang entlang in Richtung Norden bis zum Zusammentreffen mit dem Steig 541. Nun geht es auf diesem Steig recht angenehm im fast ebenen Gelände bis zum Eintritt in eine Talmulde am Fuße des Cigoladepasses. Von hier steigt man zwar direkt, aber ziemlich steil zum Pass hinauf. Man wandert inmitten einer bizarren Felslandschaft und blickt immer wieder hinunter ins wunderschöne Vajolettal. Dieser mühsame Aufstieg zum Cigoladepass (2550 m) eröffnet herrliche Panoramablicke ins Fassa- und Vajolontal. Nun steigt man durch Geröll südwärts leicht hinunter, auf 2368 m Höhe trifft unser Pfad mit dem von Osten kommenden und unter den Pale Rabbiose verlaufenden Steig »Vial delle Feide« zusammen. Etwas

**Das Tschagerjoch (2635 m) ist der imposante Übergang zwischen Kölner Hütte und dem Fassatal.**

weiter unten (2343 m) kommt es wieder zu einer Weggabelung, man folgt nun der Markierung 551 in Richtung Norden. Es gilt nun, einen engen Durchgang mit einer steilen Felsstufe zu überwinden, bevor man in eine weite Dolomitenarena unterhalb der Geröllhalde »Gran Buja de Vaél« tritt. Immer der Markierung 551 folgend erreicht man in mäßiger Steigung den Vajolonpass (2560 m). Von dort geht es im steilen Zickzack hinunter bis zum Zusammenstoß mit dem Hirzelweg (Mark. 549), einem viel begangenen Wandersteig, der die Rotwandhütte mit der Kölner Hütte verbindet. Wir setzen die Rundwanderung in nördlicher Richtung fort und erreichen bald unseren Ausgangspunkt, die Kölner Hütte. Von dort kann man entweder mit dem Sessellift oder zu Fuß wieder zur Frommeralm zurückkehren.

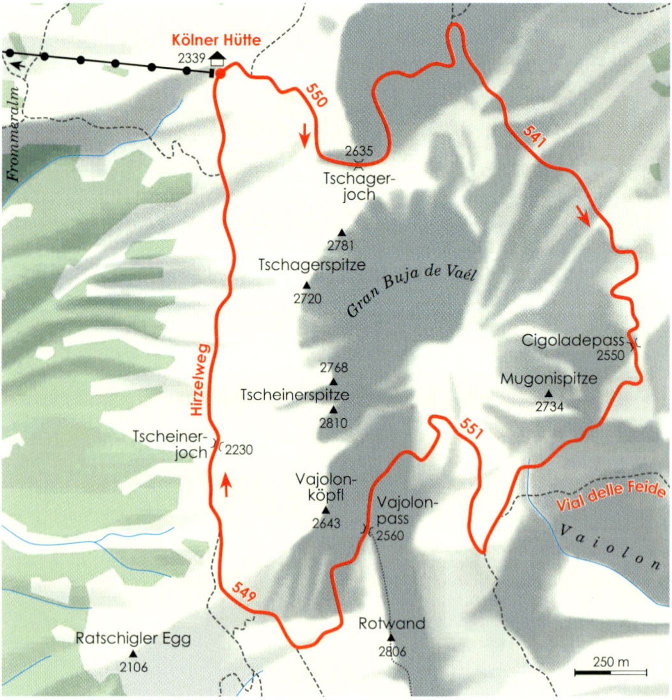

# Umrundung der Rotwand

*Über den Vajolonpass zur Rotwandhütte*

Der moderne Vierer-Sessellift bringt die Wanderer zur Paolinahütte (2127 m).

**Talort:** Welschnofen, Tiers

**Ausgangspunkt:** Sessellift Paolina am Karer Pass, 1620 m (Paolinahütte, 2127 m)

**Endpunkt:** Karer Pass, 1750 m

**Höhenunterschied:** ca. 430 m

**Höchster Punkt:** 2560 m (Vajolonpass)

**Gehzeit:** 3 ¾ Std.
1 ¾ Std. Paolinahütte – Vajolonpass
1 ½ Std. Vajolonpass – Rotwandhütte
½ Std. Rotwandhütte – Paolinahütte

**Anforderungen:** anspruchsvolle Bergtour in zum Teil steilem Gelände

**Einkehrmöglichkeit:**
Paolinahütte, Tel. 0471 61 20 08;
Rotwandhütte, Tel. 0462 76 34 28;
Pederivahütte, Tel. 339 678 20 18

**Beste Jahreszeit:** Mitte Juni bis Anfang Oktober

■ Diese wunderschöne Rundwanderung inmitten der Rosengartengruppe führt von der Paolinahütte über den Vajolonpass zur Rotwandhütte und auf dem Hirzelweg zurück zum Ausgangspunkt.

➡ Einige hundert Meter unterhalb des Karer Passes befindet sich die Talstation eines modernen Sesselliftes, der uns zur Paolinahütte (2127 m) hinaufbringt. Auf den Bergwiesen unterhalb der Hütte blühen unter anderem auch die unter Schutz gestellte Feuerlilie und der Türkenbund. Von der Paolinahütte führt ein gut markierter Steig (552) in Richtung Norden. Der Weg quert drei aufeinander folgende Talmulden. An der vierten Talsenke trifft man auf einen kleinen Wasserfall (2175 m) und auf eine Abzweigung. Hier beginnt unser Weg leicht anzusteigen. Auch an der darauf folgenden Kreuzung (2190 m) mit dem Pfad 9 zur Moseralm bleiben wir auf unserem eingeschlagenen Weg und steigen zwischen großen Gesteinsmassen weiter hinauf (2200 m), bis wir den bekannten Hirzelweg (Mark. 549) erreichen. Dieser Höhenweg ist nach dem Buchverleger Hirzel aus Leipzig benannt, einem begeisterten Dolomitenwanderer, der die Trassierung dieses horizontal verlaufenden Steiges veranlasste. Nicht weit entfernt davon befindet sich auf der rechten Seite ein großer Felsblock mit einer Eisenleiter, ein beliebter Aussichtspunkt.

Die Hinweisschilder an den Wegkreuzungen in der Nähe der Paolinahütte (2127 m)

Unser Weg führt jetzt merklich bergauf, zuerst im steilen Zickzack über leichtes Geröll und weiter oben durch Felsblöcke zum Vajolonpass. Unmittelbar vor dem Pass gilt es einen Felsvorsprung zu übersteigen, es ist dies die einzige schwierige Stelle, die aber mit Hilfe einer kleinen Eisenleiter problemlos zu bewältigen ist. Nach einem weiteren Steilstück erreicht man den Vajolonpass (2560 m), von der Paolinahütte bis hierher rechnet man mit 1¾ Stunden Gehzeit. Am Sattel mündet der Klettersteig von der Rotwand kommend in unseren Weg. Wer genügend Zeit und Lust hat, kann von hier noch

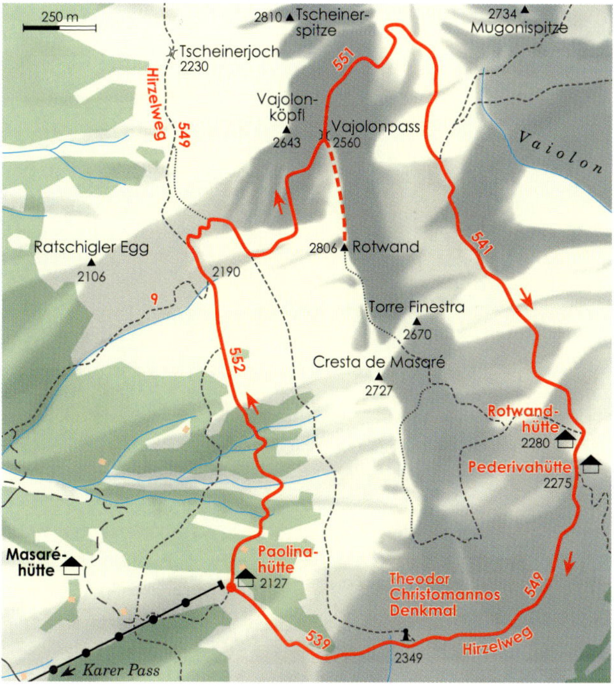


zum Gipfel aufsteigen und von dort eine noch schönere Aussicht genießen.

Vom Vajolonpass überblickt man eine großartige Felslandschaft mit dem Karbecken »Gran Buja de Vaél«, eine Bergarena umgeben von einem Kranz von Türmen und Felsnadeln, links die Zacken der Tscheinerspitze (2810 m) und des Coronelle-Kammes und uns gegenüber die Mugonispitze (2734 m).

Nun beginnt der Abstieg: zunächst leicht absteigend hinunter in das erwähnte Felsenkar am Fuße des Coronelle-Kammes, dann südwärts durch eine Schlucht. Oberhalb der Rotwandhütte kreuzt sich unser Steig mit dem Pfad 541, der vom Cigoladepass kommt. Wir steigen über die Bergwiesen hinunter zur Hütte (2280 m) und genießen den Blick ins Fassatal und zu den Gipfeln der Fassa-Dolomiten. Von hier geht es gemütlich auf breitem Weg (549) weiter

Die kleine Ciampac-Spitze neben der Rotwandhütte (2280 m), ein leicht erreichbarer Aussichtspunkt

zur nächsten Hütte, der Pederivahütte. Etwa hundert Meter östlich davon raten wir, ein bisschen in Ruhe zu verweilen, mit etwas Glück kann man nämlich in der Talsenke von Pasche das eine oder andere Murmeltier entdecken. Schon erreicht man das Theodor-Christomannos-Denkmal mit dem drei Meter großen Bronze-Adler an einem Aussichtspunkt über dem Fassa- und dem Eggental. Kurz danach zweigen wir vom Hirzelweg links ab und folgen der Markierung 539 hinunter zur Paolinahütte (2127 m), zu unserem Ausgangspunkt. Mit dem Sessellift kehren wir wieder zum Karer Pass zurück.

Der steile Zickzack-Aufstieg zum Vajolonpass (2560 m)

# Auf dem Hirzelweg

*Von Ciampedie bis zur Frommeralm am Fuße des Rosengartens*

Der Hirzelweg unterhalb der Rotwand

**Talort:** Vigo di Fassa

**Ausgangspunkt:** Ciampedie, 1996 m

**Endpunkt:** Frommeralm, 1743 m

**Höhenunterschied:** ↑ ca. 350 m, ↓ ca. 600 m

**Höchster Punkt:** 2349 m (Christomannos-Denkmal)

**Gehzeit:** 4 Std.
2 Std. Ciampedie – Rotwandhütte
2 Std. Rotwandhütte – Kölner Hütte

**Anforderungen:** für geübte Wanderer problemlos

**Einkehrmöglichkeit:** Rotwandhütte, Tel. 0462 76 34 28; Kölner Hütte, Tel. 0471 61 20 33

**Beste Jahreszeit:** Anfang Juni bis Oktober

■ Von der Ortschaft Vigo im Fassatal hinauf zum Hochplateau von Ciampedie und weiter zur Rotwandhütte, dann über den Panoramaweg Hirzelweg zur Kölner Hütte (Rosengartenhütte).

➡ Von Vigo di Fassa fährt man mit der Seilbahn auf Ciampedie und steigt westwärts hinunter zur Negritellahütte am Waldeingang. Dann folgt man der Markierung 545 rechts von der Skipiste in den Wald. Dieser Steig mit Blick ins Fassatal, genannt Fassaner Höhenweg, führt anfangs durch einen Fichtenwald, steigt dann leicht an, durchquert kleinere Talmulden und läuft schließlich über ein breites Felsband. Nun geht es leicht bergauf zu den Wiesen des Stallone di Vaél, von dort erreicht man nach kurzem Aufstieg die Rotwandhütte (2280 m) unterhalb des Masaré und des Fensterturmes (2670 m). Nach einer kurzen Erholung folgt man der Markierung 549 mit nur geringer Steigung bis zum Theodor-Christomannos-Denkmal: ein drei Meter hoher Adler aus Bronze auf einem Aussichtspunkt (2349 m) mit Blick auf das Eggental und über das Fassatal. Hier zweigt ein Weg zur Paolinahütte ab, wir bleiben auf dem oberen Steig und wandern am Fuße des Masarékammes und unterhalb des Felsaufbaues der Rotwand (2806 m) auf dem Hirzelweg (Mark. 549) weiter. Der Weg ist nach dem Buchhändler Hirzel benannt, einem Bergfreund aus Leipzig, der die Trassierung des Steiges finanzierte. Dieser Steig zählt zu einem der schönsten in den Dolomiten und bietet herrliche Ausblicke zur Latemargruppe und zum Schlernmassiv bzw. ins Eggen- und Tierser Tal. Er führt durch steiniges Gelände weiter zur Kölner

Der Hirzelweg (Mark. 549) zwischen Rotwandhütte und Christomannos-Denkmal

Nach der Abzweigung zum Vajolonpass führt der Hirzelweg an einem großen Felsblock mit einer Eisenstiege vorbei.

Hütte (2339 m). Von dort könnte man über das Tschagerjoch (2635 m) oder den Vajolonpass (2560 m) zur Rotwandhütte zurückkehren (lang und anspruchsvoll). Unser Ziel ist jedoch die Frommeralm (1743 m) an der Nigerpassstraße, die man entweder zu Fuß (steiler Abstieg) oder mit dem Sessellift erreichen kann. Direkt am Parkplatz gibt es Linienbusse zurück nach Vigo und Tiers.

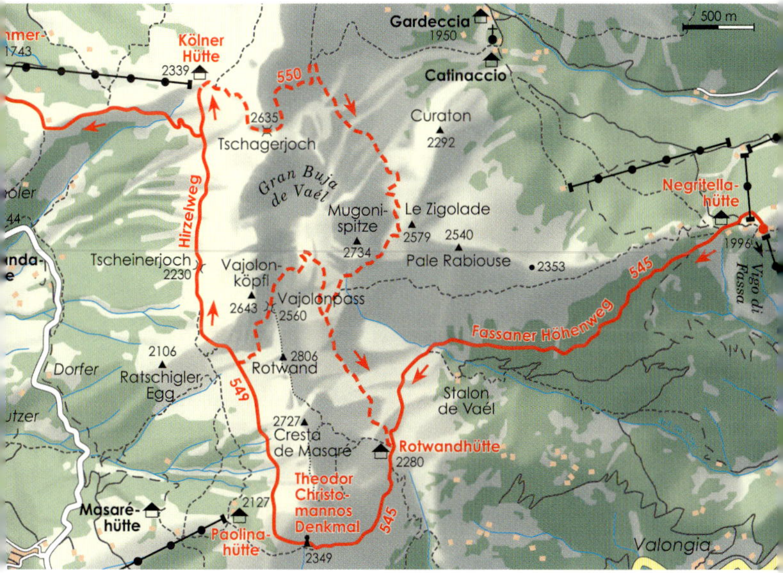

# Von Fassa nach Tiers

*Über den Passo delle Scalette und Antermoia ins Grasleitental*

Der Steig vom Antermoiapass zum Grasleitenpass mit der kleinen Grasleitenpasshütte (2600 m).

**Talort:** Vigo di Fassa

**Ausgangspunkt:** Ciampedie, 1996 m

**Endpunkt:** St. Zyprian, 1071 m

**Höhenunterschied:** ca. 1050 m

**Höchster Punkt:** 2770 m (Antermoiapass)

**Gehzeit:** 8 Std.
4 Std. Gardeccia – Grasleitenpasshütte
1 Std. Grasleitenpasshütte – Grasleitenhütte
1½ Std. Grasleitenhütte – Rechter Leger
1½ Std. Rechter Leger – Tschaminschwaige

**Anforderungen:** sehr lange und anspruchsvolle Wanderung, für geübte Wanderer jedoch nicht schwierig, sehr steiler Aufstieg zum Scalettepass

**Einkehrmöglichkeit:**
Catinaccio-Hütte, Tel. 0462 76 32 57;
Gardeccia-Hütte, Tel. 0462 76 31 52;
Grasleitenpasshütte, Tel. 0462 76 42 44;
Grasleitenhütte, Tel. 0471 64 21 03;
Tschaminschwaige, Tel. 0471 64 20 10

**Beste Jahreszeit:** Ende Juni bis Mitte September

■ Die vorgeschlagene Wanderung ist sehr lang und setzt ein gutes Training voraus; sie führt durch die Larsec-Gruppe im Rosengartengebiet über die sogenannten Scalette hinauf zum Scalette- und Lausapass und schließlich über den Antermoia- und Grasleitenpass nach Tiers.

➡ Von Vigo di Fassa (1413 m) fahren wir mit der Seilbahn auf das höher gelegene Plateau von Ciampedie (1996 m) und wandern von der nahe gelegenen Negritellahütte auf Steig 540 zu den Schutzhäusern Catinaccio und Gardeccia (1950 m) im Vajolettal. Gegenüber der Gardeccia-Hütte biegt der sogenannte Larsec-Weg ab (Mark. 583), der zunächst leicht absteigt und dann fast eben um den Felssporn des Gran Fermada (2446 m) und an der Felskluft Socorda (2523 m) vorbeiführt. Dann wird der Pfad steiler (auf 1837 m) und verwandelt sich schließlich (auf 2026 m) zum bekannten Scalette-Klettersteig. Etwas mühsam und in einigen Abschnitten ziemlich steil überschreitet man den Scalettepass, bevor man das ausgedehnte, von Felsen umsäumte Lausatal durchwandert und zum gleichnamigen Pass hinaufsteigt (2700 m). Dieses Teilstück un-

Der Steig 584 führt über den Antermoia-pass (2770 m) am Fuße der Felswände des Kesselkogels.

serer Wanderung ist von außergewöhnlicher Schönheit und verläuft inmitten einer einmaligen Dolomitenlandschaft. Vom Lausapass geht man nordwestwärts steil bergab (Mark. 583 b) bis zur Erreichung des Steiges 584, der vom Antermoiasee heraufkommt. Über Geröllhalden steigt man gegen Westen (gegen Osten kommt man in 20 Minuten zur Antermoiahütte) zuerst zum Antermoiapass (2770 m) am Fuße des Kesselkogels auf und dann steigt man zum etwas tiefer gelegenen Grasleitenpass und zur kleinen Grasleitenpasshütte (2600 m) hinunter. Auf Steig 1 geht es im leichten Abstieg über einen breiten Schutthang ins Grasleitental hinab. An der Weggabelung folgt man links dem Pfad 3a (der mit Nr. 554 markierte Steig rechts führt über den Molignonpass). Nach einer kurzen Erholungspause in der besonders schön gelegenen und sehr gemütlichen Grasleitenhütte steigt man hinunter ins grüne Tschamintal. Nach der Durchquerung dieses langen Tales erreicht man in 2½ Stunden die Tschaminschwaige in St. Zyprian (vgl. Wanderung 15).

# Durontal und Antermoia

*Über den Antermoia- und Grasleitenpass nach Tiers*

Der Donapass mit Blick auf die Antermoiahütte (2599 m), im Hintergrund der Felsaufbau des Kesselkogels (3002 m)

**Talort:** Campitello di Fassa

**Ausgangspunkt:** Campitello, 1400 m

**Endpunkt:** St. Zyprian, 1071 m

**Höhenunterschied:** ↑ ca. 1400 m, ↓ ca. 1700 m

**Höchster Punkt:** 2770 m (Antermoiapass)

**Gehzeit:** 7 ¾ Std.:
3 ¾ Std. Miccheluzzihütte – Grasleitenpasshütte
1 Std. Grasleitenpasshütte – Grasleitenhütte
1 ½ Std. Grasleitenhütte – Rechter Leger
1 ½ Std. Rechter Leger – Tschaminschwaige

**Anforderungen:** sehr lange Wanderung, aber für Gehgewohnte nicht schwierig

**Einkehrmöglichkeit:**
Micheluzzihütte, Tel. 0462 60 14 43;
Almhütte L. Brach, Tel. 335 676 96 23;
Antermoiahütte, Tel. 0462 60 22 72;
Grasleitenhütte, Tel. 0471 64 21 03;
Tschaminschwaige, Tel. 0471 64 20 10

**Beste Jahreszeit:** Ende Juni bis Mitte September

Vom Donapass (2516 m) in Richtung Nordosten: unten rechts die Wiesen Plan de le Gialine; unten links der Ciaregolepass (2282 m)

■ Eine sehr lange und abwechslungsreiche Wanderung, die Ausdauer und Gehtüchtigkeit voraussetzt: Durchquerung des grünen Durontales, Überschreitung des Antermoia- und Grasleitenpasses und Abstieg durch das Tschamintal nach Tiers.

Im Nordwesten der Ortschaft Campitello im Fassatal beginnt das lange Durontal, in dessen Mitte sich die Micheluzzihütte (1850 m) befindet. Da die Tour sehr lang ist, empfehlen wir, die Möglichkeit des Taxidienstes zu nützen und bis zur Hütte zu fahren. Von dort geht es auf breitem Weg in etwa 500 Metern zur Almhütte L. Brach (1856 m) und nach weiteren 600 Metern zur Almhütte Miravalle (1880 m). Nun folgt man westwärts der Markierung 578, quert ausgedehnte Wiesenhänge und steigt hinauf zum Ciaregolepass (2282 m). Vom Pass führt der Weg den Kamm entlang in Richtung Süden und mündet oberhalb des Plan de le Gialine in den Steig 580. Dieser Steig führt hinauf zum Donapass (2516 m), dann weiter zur Antermoiahütte (2599 m) und zum Bergsee Antermoia (2495 m) am Fuße der Felszacken des Croda-del-Lago-Kammes (2806 m). Von dort geht es steil bergauf zum Antermoiapass (2770 m) und dann mäßig hinunter zum Grasleitenpass (2600 m). Nun beginnt der lange und ziemlich steile Abstieg (Mark. 1 und 3a) zur Grasleitenhütte und hinunter ins Tschamintal. Unser Endziel ist die Tschaminschwaige in St. Zyprian am Eingang des Tschamintales.

**Taxidienst**

In Campitello gibt es einen Taxidienst zur Micheluzzihütte: Jeeps zu neun Plätzen fahren direkt zur Micheluzzihütte hinauf. Nähere Informationen unter 339 6586215 oder unter 0462 750241.

33

# Durch das Vajolettal

*Ausgedehnte Bergtour inmitten der Rosengartengruppe*

Ein Blick von der Preusshütte auf die Vajolethütte und das gleichnamige Tal unterhalb des Grasleitenpasses.

**Talort:** Vigo di Fassa

**Ausgangspunkt:** Ciampedie, 1996 m

**Endpunkt:** St. Zyprian, 1071 m

**Höhenunterschied:** ↑ ca. 650 m, ↓ 1530 m

**Höchster Punkt:** 2600 m (Grasleitenpasshütte)

**Gehzeit:** 6 ½ Std.
2 Std. Ciampedie – Vajolet- und Preusshütten
1 Std. Grasleitenpass – Grasleitenhütte
2 ½ Std. Grasleitenhütte – Tschaminschwaige

**Anforderungen:** lange, aber für gehgewohnte Wanderer nicht schwierig

**Einkehrmöglichkeit:**
Vajolethütte, Tel. 0462 76 32 92;
Preusshütte, Tel. 0462 76 48 47; Grasleitenpasshütte, Tel. 0462 76 42 44;
Grasleitenhütte, Tel. 0471 64 21 03

**Beste Jahreszeit:** Mitte Juni bis Ende September

■ Eine schöne Bergtour in der Rosengartengruppe: von Vigo di Fassa bzw. vom hochgelegenen Plateau Ciampedie (von Vigo mit der Seilbahn auf Ciampedie) ins Vajolettal und hinauf zum Grasleitenpass, dann über einen langen Abstieg durchs Grasleitental und Tschamintal nach Tiers.

➡ Von Vigo im Fassatal bringt uns die Seilbahn von Ciampedie rasch auf 1996 m. Von der Bergstation geht es zunächst westwärts hinunter zur Negritellahütte, dort zweigt der Steig 540 ab, ein angenehmer Pfad, der anfangs durch den Wald, dann den Berghang entlang rasch zu den Schutzhütten Catinaccio und Gardeccia (1950 m) führt. Hier verlässt man den Steig und wandert auf einer breiteren Straße (546) zu den Berghütten Vajolet und Preuss weiter. In den Sommermonaten wird dieser Weg von sehr vielen Wanderern begangen.

Um die Felserhebung der Porte Neigre windet sich die Straße in steilen Kehren zu den Hütten hinauf. In unmittelbarer Nähe kommt es zu einer Wegteilung: Ein Steig führt zur Gartlhütte und zum Santnerpass am Fuße der Vajolettürme, der zweite und bequemere Weg 584 bringt uns durch das Vajolettal zum Grasleitenpass hinauf (1 Stunde). Auf dem Grasleitenpass (2600 m) befindet sich eine klei-

**Die kleine Preusshütte auf dem Felsvorsprung der Porte Neigre im Vajolettal**

Die kleine Grasleitenpasshütte in geschützter Lage auf 2600 m Höhe vor ihrem Umbau im Jahr 2007

ne Hütte, rechts davon biegt ein schmaler Pfad zum Antermoiapass (2770 m) ab. Wir überschreiten aber den Grasleitenpass und steigen in eine von Felsen umsäumte Bergarena hinab. Wieder kommen wir zu einer Weggabelung, der Steig 554 führt im Zickzack zum Molignonpass hinauf, während wir nordwestwärts auf Pfad 3a ins enge und steile Grasleitental zur Grasleitenhütte absteigen. Die Hütte, auf einer Erhebung mitten im Hang errichtet, fügt sich

Vom Grasleitenpass steigt man hinunter in eine Geröllhalde. Auf der gegenüberliegenden Seite erkennt man den Steig, der vom Tierser Alpl über den Molignonpass zur Grasleitenhütte führt.

wunderbar in das Landschaftsbild und wird wegen ihrer gemütlichen Stuben von Wanderern sehr geschätzt.

Von der Grasleitenhütte geht es westwärts auf einem langen Abstieg hinunter ins grüne Tschamintal. Auf seiner ganzen Länge überrascht uns der Weg mit herrlichen Panoramablicken. Unten im Talschluss überschreiten wir den Tschaminbach und wandern zur Wiese des Rechten Legers (vgl. Wanderung 15). Nach 2½ Stunden erreicht man die Tschaminschwaige.

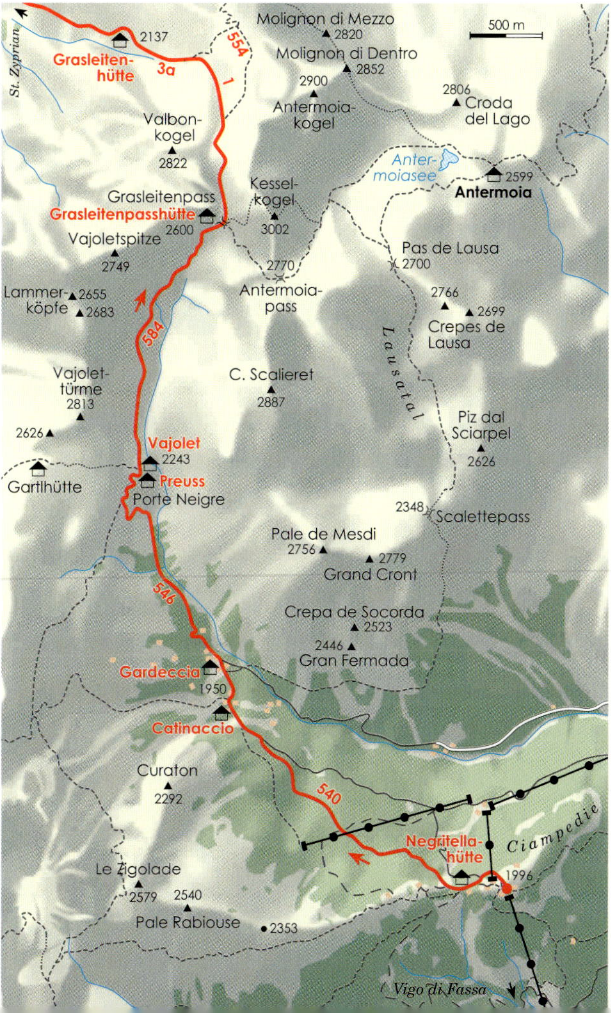

34

# Santner-Klettersteig

*Ein abwechslungsreicher Klettersteig im sogenannten Gartl*

Die Rosengartenwand im Abendglühen, eine Winteransicht. Links auf der verschneiten Felsterrasse ist die Santnerpasshütte (2734 m) zu erkennen.

**Talort:** Tiers, Welschnofen

**Ausgangspunkt:** Frommeralm, 1743 m, bzw. Kölner Hütte, 2339 m

**Endpunkt:** Frommeralm

**Höhenunterschied:** ca. 800 m

**Höchster Punkt:** 2741 m

**Gehzeit:** 5½ Std.
2 Std. Kölner Hütte – Santnerpasshütte
1¼ Std. Santnerpasshütte – Vajolethütte
2¼ Std. Vajolethütte – Kölner Hütte

**Anforderungen:** mittelschwerer Klettersteig

**Einkehrmöglichkeit:**
Gartlhütte, Tel. 0462 76 34 28;
Santnerpasshütte, Tel. 0471 64 22 30;
Vajolethütte, Tel. 0462 76 32 92;
Preusshütte, Tel. 0462 76 48 47

**Beste Jahreszeit:** Ende Juni bis Mitte September

Der Santner-Klettersteig führt durch bizarre Felszacken.

➡ Von der Frommeralm (an der Straße zwischen Niger- und Karer Pass) fährt man mit dem Lift bequem zur Kölner Hütte (2339 m) hinauf.

Hinter der Hütte beginnt der Weg 542-S, der gleich zu Beginn über einen gesicherten Felsabschnitt und anschließend über ein breites, fast eben verlaufendes Felsband zum Einstieg des Klettersteiges führt. Der Steig ist sehr schön angelegt und mit Stahlseilen, Eisenhaken und Leitern ausreichend gesichert. Man steigt durch

Am Ausstieg des Klettersteiges trifft man auf die Santnerpasshütte mit Laurinswand im Hintergrund.

kleine Schluchten und enge Rinnen inmitten von bizarren Felsnadeln schräg hinauf. Die schwierigste Stelle, die man bei diesem Aufstieg zu überwinden hat, ist die sogenannte Eisschlucht, eine kleine Rinne, in der manchmal noch im August harter Schnee liegen kann. Wir empfehlen deshalb diese Route wegen Abrutschgefahr im Aufstieg und nicht im Abstieg zu machen. Für den Rückweg wählen wir die Rundwanderung über die Gartlhütte durch das Vajolettal und über das Tschagerjoch.

Nach dem Ausstieg aus dem Klettersteig an der Santnerpasshütte (2734 m) steigen wir auf Pfad 542 in die Talmulde des Gartls hinunter und bewundern aus unmittelbarer Nähe die imposanten Vajolettürme.

Bevor wir die Vajolethütte erreichen, erwartet uns eine kleine Kletterpassage. Von dort geht es auf Steig 541 südwärts bis zum Baumannpass, wo uns Weg 550 steil ansteigend zum Tschagerjoch (2635 m) führt. Immer Weg 550 folgend, erreichen wir in einer ¾ Stunde die Kölner Hütte (Rosengartenhütte) und den Lift, der uns zurück zur Frommeralm bringt.

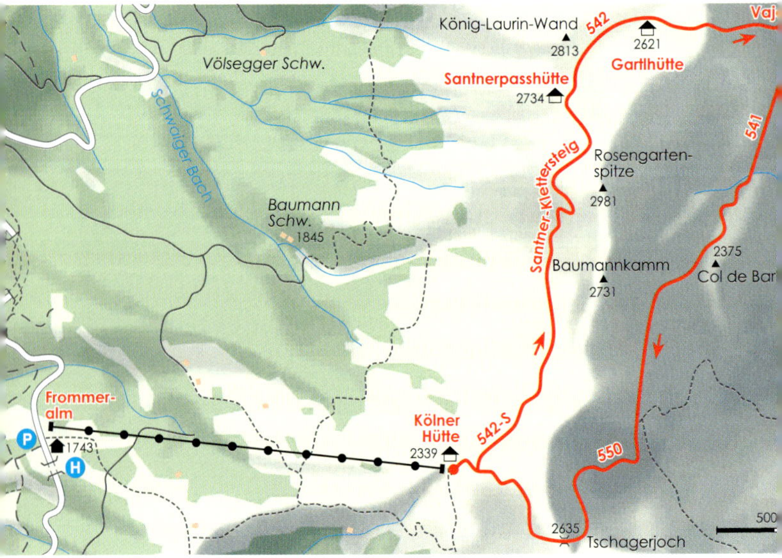

Die Vajolettürme benannt nach ihren Erstbesteigern von links: der Delago- (2780 m), der Stabeler- (2805 m) und der Winklerturm (2800 m). Im Bild zwei Alpinisten (siehe Kreise) an der Schwindel erregenden Tita-Piaz-Kante des Delagoturms

# Masaré- und Rotwand-Klettersteig

*Bergtour mit zwei gut gesicherten Klettersteigen*

**Blick vom Rotwand-Klettersteig hinunter zum Vajolonpass (2560 m).**

**Talort:** Welschnofen, Tiers

**Ausgangspunkt:** Paolinahütte, 2127 m

**Endpunkt:** Karer Pass, 1750 m

**Höhenunterschied:** 1390 m
300 m Paolinahütte – Einstieg in den Masaré-Klettersteig
200 m Masaré-Klettersteig
200 m Aufstieg zur Rotwandspitze
250 m Klettersteig im Abstieg von der Rotwand zum Vajolonpass
440 m Vajolonpass–Paolinahütte

**Höchster Punkt:** 2806 m (Rotwandspitze)

**Gehzeit:** 5 ¼ Std.
1 Std. Paolinahütte – Einstieg
2 Std. Masaré-Klettersteig
¾ Std. Aufstieg zur Rotwandspitze
½ Std. Rotwand-Klettersteig
1 Std. Vajolonpass – Paolinahütte

**Anforderungen:** mittelschwere Klettersteige

**Einkehrmöglichkeit:**
Rotwandhütte, Tel. 0462 76 34 28;
Paolinahütte, Tel. 0471 61 20 08

**Beste Jahreszeit:** Ende Juni bis Mitte September

➡ Die Rotwandhütte ist von der Paolinahütte (Sessellift von der Karer-Pass-Straße herauf) auf Steig 539 und 549 in einer ½ Stunde zu erreichen. Oberhalb der Schutzhütte folgt man den Hinweisschildern zum Masaré-Klettersteig und steigt hinauf zur Scharte (2500 m). Von dort klettert man zunächst durch einen gesicherten Kamin zirka 10 Meter hinunter, es ist dies die schwierigste Passage. Weniger heikel geht es hinauf zur Masaréspitze (2585 m) und wieder hinunter in eine Talmulde zwischen der Rotwand und dem Fensterturm (2670 m), einem Felsturm mit einer passierbaren Öffnung im Gipfelbereich.

Von hier kann man entweder zur Rotwandhütte absteigen oder die Wanderung hinauf zur Rotwandspitze fortsetzen. Der im Prinzip recht unschwierige und gut gesicherte Rotwand-Klettersteig verbindet die Rotwandspitze (2806 m) mit dem Vajolonpass. Von dort steigt man in steilem Zickzack über Geröll hinab, bis man auf den Hirzelweg (Mark. 549) trifft, dann weiter absteigt und Weg 552 Richtung Paolinahütte einschlägt.

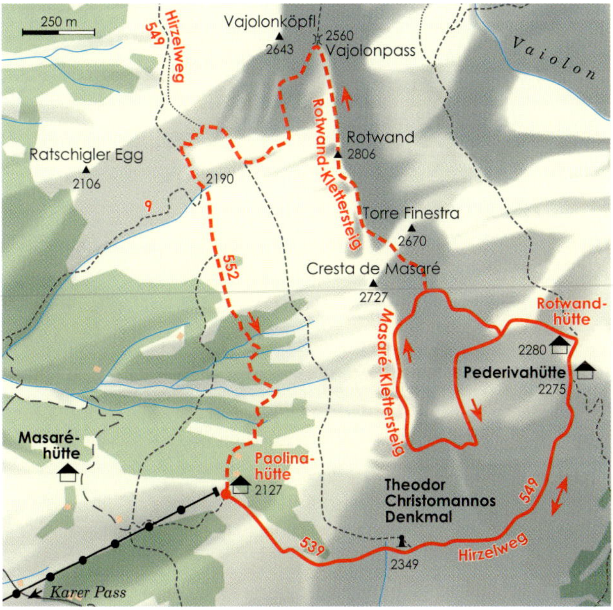

# Klettersteig auf den Kesselkogel

*Gesicherter Westanstieg und Ostabstieg*

Der Kesselkogel ist mit seinen 3002 m der höchste Gipfel in der Rosengartengruppe.

**Talort:** Tiers

**Ausgangspunkt:** Grasleitenpass, 2600 m

**Endpunkt:** Grasleitenpass

**Höhenunterschied:** ca. 400 m (mit Ostabstieg ca. 520 m)

**Höchster Punkt:** 3002 m (Kesselkogel)

**Gehzeit:** 4 ¼ Std.
2 Std. Westanstieg
1 ½ Std. Ostabsteig
¾ Std. Aufstieg zum Antermoia- und Grasleitenpass

**Anforderungen:** mittelschwerer Klettersteig

**Einkehrmöglichkeit:** Grasleitenpasshütte, Tel. 0462 76 42 44; Grasleitenhütte, Tel. 0471 64 21 03

**Beste Jahreszeit:** Ende Juni bis Mitte September

Der imposante Ausblick vom Kesselkogel auf das Rosengartenmassiv und das Vajolettal

In nur wenigen Minuten vom Grasleitenpass (vgl. Wanderung 27) entfernt erreicht man über einen Geröllsteig die erste Drahtseilsicherung des Westanstiegs zum Kesselkogel. Gleich zu Beginn klettert man durch einen Kamin und steigt dann über eine Eisenleiter hinunter auf eine sandige Felsbank. Diese Stelle ist sehr exponiert und verlangt völlige Schwindelfreiheit. Über Felsstufen kommt man hinauf in eine Scharte. Dann steigt man weiter über ein breites schräges Felsband und schließlich über den ziemlich ausgesetzten Nordkamm zum Gipfelkreuz.

Der Absteig erfolgt über den Aufstiegsweg. Guten und erfahrenen Klettersteiggehern bietet sich die Möglichkeit, über die gesicherte Ostseite abzusteigen. Mit Hilfe von Drahtseilen gelangt man zum Felsband, das die Ostwand des Berges schneidet. Auf diesem Felsband geht es weiter bergab und schließlich über zwei Eisenleitern hinunter zu einem Sattel und über Geröll in die Talmulde von Antermoia. Nach einer etwas mühsamen Überschreitung des Antermoiapasses (2770 m) kehrt man zum Grasleitenpass zurück.

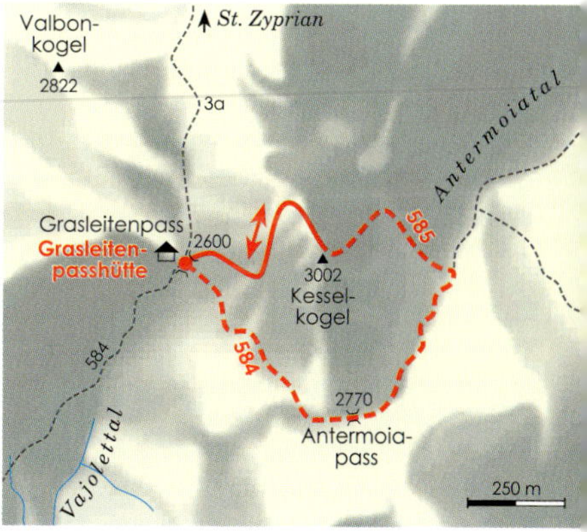

37

# Laurenzi-Klettersteig

*Anspruchsvoller Klettersteig vor beeindruckender Landschaft*

Blick vom Laurenzi-Klettersteig zurück auf das Tierser Alpl. Im Hintergrund die Rosszähne und der Schlern

**Talort:** Tiers, Seis am Schlern

**Ausgangspunkt:** Tierser Alpl, 2440 m

**Endpunkt:** Antermoiahütte, 2599 m

**Höhenunterschied:** ↑ ca. 500 m, ↓ ca. 400 m

**Höchster Punkt:** 2852 m (Molignon di Dentro)

**Gehzeit:** 4 Std.

**Anforderungen:** schwieriger und ausgesetzter Klettersteig mit einigen Stellen, wo Armkraft notwendig ist

**Einkehrmöglichkeit:** Tierser Alpl, Tel. 0471 727958; Antermoiahütte, Tel. 0462 602272

**Beste Jahreszeit:** Ende Juni bis Mitte September

■ Eine sehr schöne, aber auch ausgesetzte und schwierige Klettertour, die eine gute Klettertechnik und Trittsicherheit voraussetzt.

➡ Dieser Klettersteig wurde der Hüttenwirtin des Tierser Alpls Laura Laurenzi anlässlich des 25-jährigen Hüttenjubiläums gewidmet. Auf dem Steig 554 in Richtung Molignonpass kommt man schon nach wenigen Minuten, ungefähr 200 m vor dem Pass, zur ersten Drahtseilsicherung. Auf gut markierten Steigspuren geht es einen Kamm hinauf zum Hochplateau des Äußeren Molignon (2763 m). Dort befindet sich der eigentliche Einstieg in die reichlich gesicherte Route, der Beginn einer anregenden Kletterei. Man windet sich einmal rechts und einmal links über steile Felsen hinunter und erreicht nach fast senkrechtem Abstieg eine enge Gratscharte. Von hier klettert man weiter hinunter in eine Rinne, quert die Wand in südöstlicher Richtung auf einer gut gesicherten Traverse und steuert einem breiten Felsband zu. Darüber erhebt sich der dunkle Fels des Mittleren Molignons, dessen Gipfelplateau (2820 m) unser nächstes Ziel ist. Der lange und steile Abstieg führt zuerst über Felsbänke und Geröll südwärts hinunter. Vor dem Ausstieg aus dem Klettersteig, oberhalb des Talbodens von Antermoia, sorgt eine Steilwand noch einmal für etwas Spannung.

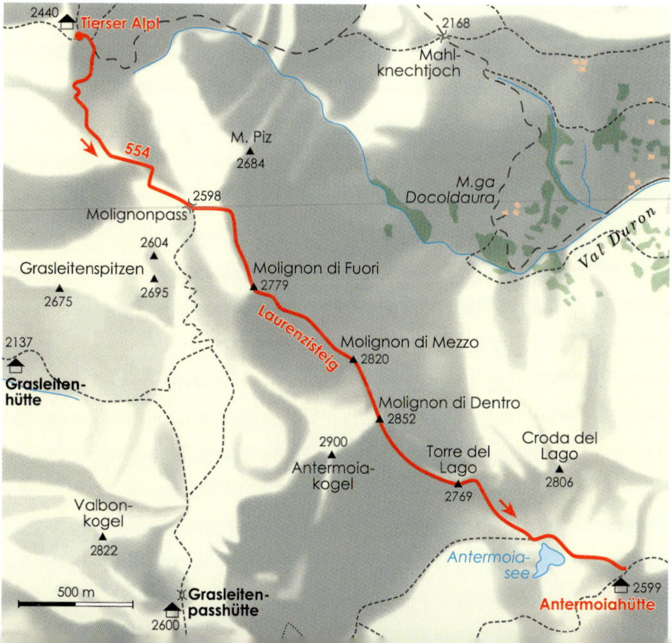

# Maximiliansteig

*Klettersteig über den Rosszähnkamm*

Ein Blick auf das Tierser Alpl (2440 m). Links die Felswände der Rosszähne, im Hintergrund das Massiv des Sellastockes

**Talort:** Völs am Schlern, Seis am Schlern, Tiers

**Ausgangspunkt:** Schlernhäuser, 2457 m

**Endpunkt:** Tierser Alpl, 2440 m

**Höhenunterschied:** 218 m

**Höchster Punkt:** 2655 m (Roterdspitze)

**Gehzeit:** 3 ½ Std.
1 Std. Einstieg

**Anforderungen:** leichter Klettersteig, einige Stellen ausgesetzt

**Einkehrmöglichkeit:** Schlernhäuser, Tel. 0471 612024; Tierser Alpl, Tel. 0471 727958

**Beste Jahreszeit:** Ende Juni bis Mitte September

■ Der Klettersteig führt über den Rosszähnkamm und verbindet die Roterdspitze mit dem Großen Rosszähn.

➡ Von den Schlernhäusern (2457 m, vgl. Wanderung Nr. 23) wandert man zunächst ostwärts auf Pfad 4 in Richtung Tierser Alpl. An der Abzweigung folgt man dem Hinweis »Roterdspitz, Maximiliansteig«. Der Steig verläuft über den Kamm der Rosszähne. Von der Roterdspitze, der höchsten Erhebung des Kammes (2655 m), genießt man einen außergewöhnlichen Rundblick (Fotoapparat und Fernglas nicht vergessen). Hier beginnt auch der eigentliche Klettersteig. Nach einem steilen und etwas ausgesetzten Abstieg geht es den Kamm entlang zum Nordwestgrat des Großen Rosszähns mit dem charakteristischen Felsenfenster, man durchquert es und steigt über die andere Bergkante zum Gipfel (2653 m). Nun geht es auf gesichertem Steig hinunter in eine Scharte und südwärts durch eine steile Schlucht in eine Geröllhalde oberhalb des Tierser Alpls.

Der Klettersteig ist insgesamt recht exponiert, er weist zwar keine besonderen technischen Schwierigkeiten auf, erfordert aber etwas Erfahrung und Trittsicherheit. Der Maximiliansteig eröffnet den Wanderern in seiner ganzen Länge herrliche Panoramablicke.

Es sei hier erwähnt, dass man von den Schlernhäusern auch auf einem leichteren Weg das Tierser Alpl erreichen kann, und zwar auf dem Steig 3–4 oberhalb des Tschamintales bzw. oberhalb des Bärenlochs (vgl. Wanderung Nr. 13).

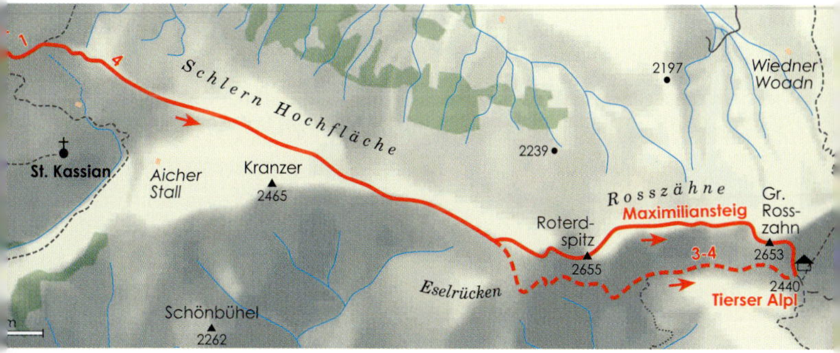

# Durchs Tschamintal zum Rechten Leger

*Winterwanderung vor beeindruckender Kulisse*

Der Rechte Leger: Der Blick öffnet sich zu den Grasleitentürmen und Tschaminspitzen, rechts der Valbonkogel.

**Talort:** Tiers

**Ausgangspunkt:** St. Zyprian, 1071 m

**Endpunkt:** St. Zyprian

**Höhenunterschied:** ca. 630 m

**Höchster Punkt:** ca. 1700 m

**Gehzeit:** 4 Std.

**Anforderungen:** leichte und problemlose Schneeschuhwanderung

**Einkehrmöglichkeit:** Hotel Cyprianerhof, Tel. 0471 64 21 43

**Beste Jahreszeit:** Dezember bis Ende März

■ Diese Wanderung führt durch das wildromantische Tschamintal. Von der Bergwiese Rechter Leger genießt man den Blick zu den Grasleiten- und Tschaminspitzen. Mit etwas Glück kann man einen Blick auf das dort horstende Steinadlerpaar erhaschen, oder Gämsen beim Springen und Klettern beobachten.

➡ Wir wandern direkt vom Hotel Cyprianerhof im Tierser Tal zu den Traunwiesen und weiter bis zur Forststraße hinauf. Diese im Winter meist zugeschneite Straße führt hinauf zum Eingang des Tschamintales (1380 m). Hier befindet sich eine besonders gute und geschätzte Quelle, der sogenannte Schwarze Lettn. Der Weg wird jetzt etwas schmäler (1449 m) und erreicht die erste Hütte, den Schaferleger. Bis zum Rechten Leger steigt der Weg etwas mehr an, aber da haben wir unser Ziel auch schon erreicht. Wir befinden uns hier auf einer weiten Bergwiese in der Mitte des Tschamintales und genießen die herrliche Aussicht zu den Grasleitentürmen und Tschaminspitzen.

**Tipp**

Besonders reizvoll ist es, bei der Brücke hinter der Quellfassung den Weg im Bachbett fortzusetzen.

Für den Rückweg nehmen wir die Forststraße durch den Tschaminwald auf der orografisch linken Seite des Tschaminbaches. Bei guten Schneeverhältnissen kann man auch über die Tschaminschwaige zum Ausgangspunkt zurückkehren.

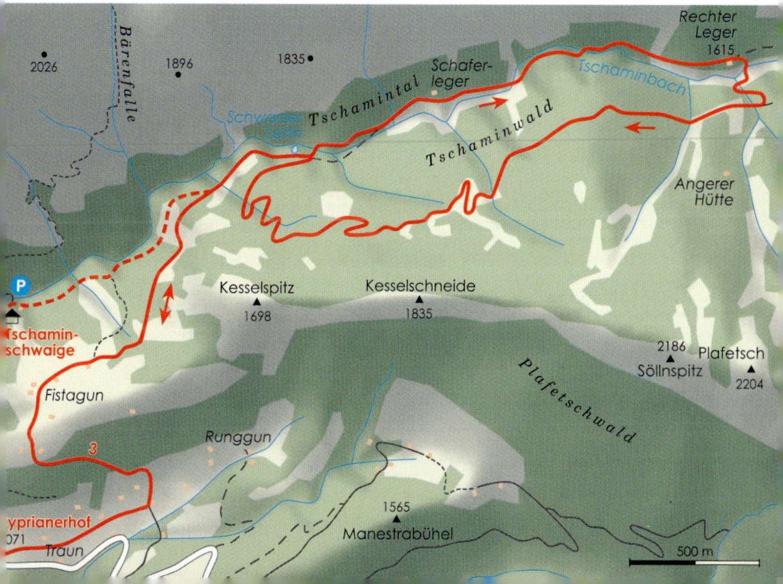

# Bärenfalle und Knüppelweg

*Ausgedehnte Winterwanderung für Fortgeschrittene*

Der Steig führt zum Tschafatschsattel (2069 m), kritische Stellen sind mit Holzstegen versehen.

**Talort:** Tiers

**Ausgangspunkt:** St. Zyprian, 1071 m

**Endpunkt:** St. Zyprian

**Höhenunterschied:** ca. 1300 m

**Höchster Punkt:** 2069 m (Tschafatschsattel)

**Gehzeit:** 7 Std.

**Anforderungen:** sehr lange und anstrengende Wanderung mit Schneeschuhen, die Trittsicherheit erfordert

**Variante:** Abstieg nach Ums und mit dem Bus zurück nach Tiers

**Beste Jahreszeit:** Jänner bis März

Vom Hotel Cyprianerhof am Ende des Tierser Tales erreicht man zu Fuß sehr bald die Tschaminschwaige. Der Aufstiegsweg jenseits des Tschaminbaches führt durch einen Föhrenwald in die sogenannte Bärenfalle. Oftmals ist hier der Steig schneefrei, sodass man den Aufstieg zum großen Teil ohne Schneeschuhe bewältigen kann.

Eine interessante Besonderheit gleich zu Beginn der Wanderung ist das Tschetterloch, eine eigenartige Felshöhle mit prähistorischem Hintergrund.

Gut 2 Stunden dauert der steile Anstieg zwischen den Felswänden hinauf zum Tschafatschsattel (2069 m). Kommt man aus der Schlucht, hat man einen wunderschönen Blick zum Hochplateau des Schlern und zur Rosengartengruppe. Mit Schneeschuhen steigt man über Latschen bergab zur Sesselschwaige (1940 m). Von dort geht es auf dem Knüppelweg durch die Schlernschlucht hinunter zum Wegkreuz Peter Frag. Jetzt biegt man links auf den Weg 7 ab und kommt auf den Steig, der in einer ¾ Stunde zur Tschafonhütte (1738 m) hinaufführt. Auf dem Weg 4–4a steigt man hinunter nach St. Zyprian und wandert zurück zum Ausgangspunkt.

In diesem Abschnitt der Bärenfalle ist das Gelände sehr steil.

Vom Tierser Tal steigt man durch die Bärenfalle teilweise über Brücken steil hinauf.

# Zur Hanickerschwaige

*Rundwanderung am Fuße der Laurinswand*

Gleich oberhalb des Hotels Cyprianerhof startet die Schneeschuhwanderung zur Hanickerschwaige am Fuß der Laurinswand.

**Talort:** Tiers

**Ausgangspunkt:** St. Zyprian, 1071 m

**Endpunkt:** St. Zyprian

**Höhenunterschied:** ca. 950 m

**Höchster Punkt:** 2000 m

**Gehzeit:** 5–6 Std.

**Anforderungen:** lange und anspruchsvolle Wanderung mit Schneeschuhen

**Beste Jahreszeit:** Dezember bis April

■ Diese Wanderung unterhalb der Vajolettürme und der Rosengartenwände wird zu einem unvergesslichen Landschaftserlebnis. Da das Gebiet hier eher ruhig und menschenleer ist, trifft man oft Gämse und andere Wildtiere.

Der Weg führt manchmal über steile Bergwiesen, die bei ungünstigen Schneeverhältnissen lawinengefährlich sein können. Es wird empfohlen, sich stets über die aktuelle Wetterlage zu informieren und eventuelle Lawinenwarnungen ernst zu nehmen.

➡ Oberhalb des Hotels Cyprianerhof zweigt der Steig T1 ab, der eigens für Schneeschuhwanderungen ausgeschildert ist. In zirka 2 Stunden erreicht man den Nigerpass.

Nach der Überquerung der asphaltierten Passstraße geht es ostwärts weiter auf einer Forststraße (Rodelbahn) bis zur Abzweigung zur Baumannschwaige. Den Wegschildern folgend gelangt man zu einer Almwiese; der Steig zweigt rechts ab und führt in un-

Auf der Plafötschalm. Im Hintergrund sind die Latemarspitzen erkennbar.

gefähr 1½ Stunden steil hinauf zu den Angelwiesen. Hier genießt man ein herrliches Panorama: Links gegen Süden blickt man zum Latemar und zum Schwarz- und Weißhorn, gegenüber erblickt man die Brentagruppe, den Ortler, die Ötztaler- und Zillertaler Alpen, vor uns ist der Schlern und hinter unserm Rücken sind die Laurinswand und die Vajolettürme. Von den Angelwiesen ist es nicht mehr weit zur Hanickerschwaige (1904 m).

Der Abstieg ist nicht besonders schwierig. Er führt über die Plafötschwiesen hinunter zu den Traunwiesen und zurück zum Ausgangspunkt.

Das Kirchlein St. Zyprian mit dem Rosengarten

# Zur Wolfsgrube und zum Nigerpass

*Sichere Wanderung auch im tiefen Winter*

Die Wanderung durch die Wolfsschlucht ist vor allem nach einem Schneefall sehr faszinierend.

**Talort:** Tiers

**Ausgangspunkt:** St. Zyprian, 1071 m

**Endpunkt:** St. Zyprian

**Höhenunterschied:** ca. 800 m

**Höchster Punkt:** 1690 m (Nigerpass)

**Gehzeit:** 4–5 Std.

**Anforderungen:** Schneeschuhwanderung ohne größere Schwierigkeiten, Ausdauer jedoch erforderlich

**Einkehrmöglichkeit:** Schillerhof, Tel. 340 4 83 98 53

**Beste Jahreszeit:** Dezember bis März

■ Diese Wanderung weist keine technischen Schwierigkeiten auf und kann bei jedem Wetter unternommen werden. Sie führt zur sogenannten Wolfsgrube, die zu Beginn des vorigen Jahrhunderts zum Einfangen des letzten Wolfes dieser Zone gedient haben soll. Weiter oben über dem Gebirgswall, der das Tierser Tal überragt, ergibt sich ein schöner Ausblick auf den Latemar und die Rosengartengruppe.

➡ Die Wanderung beginnt beim Hotel Cyprianerhof im Tierser Tal und führt hinunter zum Weiler Gemeier. Dort passiert man eine Holzbrücke und folgt dem Hinweisschild »Zefaller Hof«. In einem steilen Zickzack-Aufstieg (Mark. 5) durch den Wald erreicht man den Sattel, der das Tierser Tal vom Eggental trennt. Bald darauf kommt man zur Wolfsgrube, die immer noch gut erhalten ist. Von hier geht es auf angenehmen Wegen zum nicht weit entfernten Schillerhof, wo man sich kurz erholen und etwas stärken kann. Den Kamm entlang wandert man fast eben auf dem Weg 1 weiter in Richtung Rosengarten und erreicht in ungefähr 1½ Stunden den Nigerpass. Vom Nigerpass steigt man auf Steig 1 ins Tierser Tal ab und kehrt zurück zum Ausgangspunkt.

# Der Labyrinthsteig

*Winteridylle am Fuße des Latemar und Rosengarten*

Schon in den Sommermonaten ist dieser Steig sehr beeindruckend, im Winter wird dieser Wanderweg durch die Schneelandschaft zu einer ganz besonderen Faszination.

**Talort:** Tiers, Welschnofen

**Ausgangspunkt:** Karer Pass, 1750 m

**Endpunkt:** Jolandahütte an der Nigerpassstraße, 1744 m

**Höhenunterschied:** ca. 400 m

**Höchster Punkt:** ca. 1960 m

**Gehzeit:** 4 Std.

**Anforderungen:** anspruchsvolle Wanderung mit Schneeschuhen, die besondere Vorsicht aufgrund von Lawinengefahr erfordert

**Einkehrmöglichkeit:** Hotel Moseralm, Tel. 0471 61 61 71; Jolandahütte, Tel. 0471 61 22 46

**Beste Jahreszeit:** Jänner bis April

■ Der Labyrinthsteig inmitten von Felsstürzen und Geröllhalden am Fuße der Latemargruppe (vgl. Wanderung Nr. 23) wird auch im Winter zu einem besonderen Landschaftserlebnis. Wie immer sollte man sich auch bei dieser Wanderung vorher über die aktuelle Lawinenlage informieren.

**Hinweis**

Das Labyrinth liegt im Schatten. Erst am Karer Pass ist man wieder in der Sonne.

➡ Mit dem Skibus fährt man zum Karer Pass (1750 m) hinauf. Von dort zweigt ein Steig ab, der die Latemarwiesen quert und dann durch den Wald in Richtung Kleine Latemarscharte unterhalb der Latemartürme vordringt (ca. 1960 m). Nach einem kurzen Abstieg (ca. 100 m) erreicht man den Einstieg in den Labyrinthsteig, der sich durch riesige Felsblöcke und Gesteinsmassen windet und zu einer idyllischen Waldlichtung, zum Mitterleger, auf 1839 m Höhe führt.

Für den Rückweg kann man auch eine andere Route wählen: über die berühmten Latemarwälder hinunter Richtung Grandhotel Karersee zur Hauptstraße. Von dort der Markierung 6 folgend über die Moseralm (1580 m) und weiter den Hang hinauf zur Jolandahütte (1744 m) an der Nigerpassstraße.

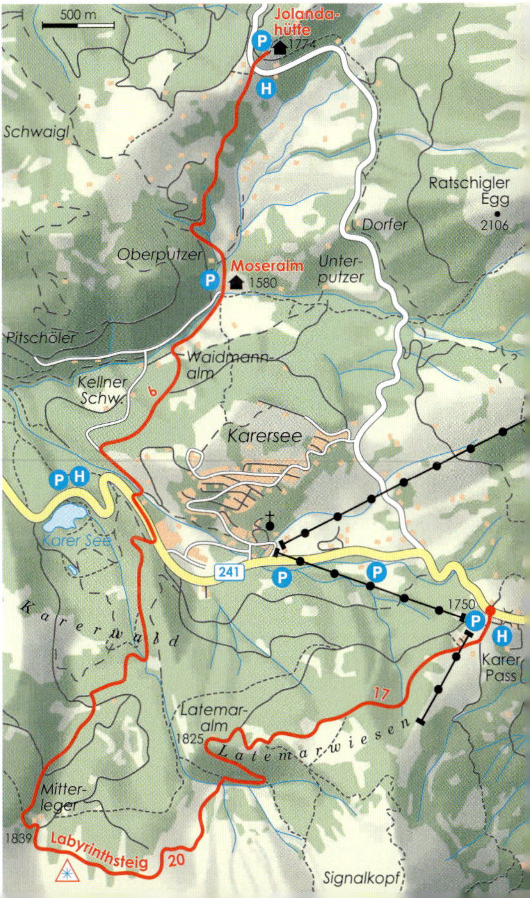

# Von Ciampedie zur Rotwandhütte

*Eindrucksvolle Steige für Bergerfahrene*

Auf dem Fassaner Höhenweg zur Rotwandhütte (2280 m). Ein Teilstück führt über ein breites Band den Berghang entlang mit Blick ins Fassatal.

**Talort:** Vigo di Fassa

**Ausgangspunkt:** Ciampedie, 1996 m

**Endpunkt:** Jolandahütte an der Nigerpassstraße, 1744 m

**Höhenunterschied:** ↑ ca. 350 m, ↓ ca. 600 m

**Höchster Punkt:** 2349 m (Christomannos-Denkmal)

**Gehzeit:** 6 Std.

**Anforderungen:** längere, anspruchsvolle Schneeschuhwanderung, die besondere Vorsicht aufgrund der Lawinengefahr erfordert

**Einkehrmöglichkeit:** Paolinahütte, Tel. 0471 61 20 08; Masaréhütte, Tel. 348 2 85 64 74; Jolandahütte, Tel. 0471 61 22 46; Negritellahütte, Tel. 0462 76 02 76

**Beste Jahreszeit:** Jänner bis März

■ Es handelt sich hier um eine spektakuläre und spannende Schneeschuhwanderung, die jedoch Trittsicherheit und Bergerfahrung voraussetzt.

In einigen Abschnitten muss man die Trassierung so wählen, dass man sich nicht der Lawinengefahr aussetzt: Informieren Sie sich über die aktuelle Lawinengefahrenstufe! Aus diesem Grund raten wir, die Tour nur in Begleitung eines Bergführers zu unternehmen.

➡ Von Vigo di Fassa (mit dem Skibus von Tiers aus erreichbar) fährt man mit einer modernen Aufstiegsanlage bequem auf das Hochplateau Ciampedie (1997 m). Gegenüber befindet sich der Eingang des Vajolettales und rechts davon die mächtige Felsgruppe von Larsec. Wir gehen westwärts auf dem verschneiten Fassaner Höhenweg zur Rotwandhütte (2280 m). Der Weg ist sehr eindrucksvoll und führt durch Wald und auf Almwiesen über ein breites Band den Berghang entlang. Der Ausblick von hier reicht weit ins Fassatal. Für den letzten Teil des Aufstiegs zur Rotwandhütte ist es aufgrund der Lawinengefahr sinnvoll, nicht der beschilderten Sommerroute zu folgen, sondern sich links des Talkegels zu halten.

Von der Rotwandhütte aus genießt man ein ausgedehntes Panorama zu den Masarétürmen und zur Rotwand, zur Mugonispitze, zum Fensterleturm und zur Marmolada, ja sogar bis zu den entfernten Dolomiten von Cortina d'Ampezzo.

Weiter geht es dann bis zum Theodor-Christomannos-Denkmal (2349 m), einem drei Meter hohen Bronzeadler, der im Gedenken an diesen Tourismuspionier hier errichtet wurde. Vom Denkmal geht es bergab zur Paolinahütte (2127 m) und mit dem Sessellift hinunter zur Karer-Pass-Straße oder zu Fuß hinunter zur Masaréhütte und über den Weg 1C zur Jolandahütte (1744 m).

Mit dem Skibus gelangt man zurück zum Ausgangspunkt.

Gran Buja de Vaél
Scholer
Jolandahütte
1744
Tscheiner-
spitze
2768
2810
Mugog
2734
Tscheinerjoch
2230
Vajolon-
köpfl
2560
Vajolon-
pass
Rotwand
2806
Ratschigler Egg
2106
Dorfer
Torre Finestra
2670
Cresta de Masaré
2727
1c
Unterputzer
Rotwandhü
Masaré-
hütte
Paolina-
hütte
2127
Theodor
Christomannos
Denkmal
2349
539
Karersee
241
Karer Pass
1750
Le Fièche

Negritella-
hütte
1996
Ciampedie
Pale Rabiouse
2540
2353
545
Fassaner Höhenweg
Stalon de Vaél
Vigo di Fassa
H
ol de Ciampac
2265
Pra Pré
Ruf de Vael
Val
Valongia
241
H
Larcione
Ruf de Paciòle
Pra da Cort
Tamion
H
hiusèl
500 m

# Von Ciampedie zur Vajolethütte

*Leichte Winterwanderung inmitten der Dolomiten*

Das Vajolettal mit dem scharfkantigem Winklerturm

**Talort:** Vigo di Fassa

**Ausgangspunkt:** Ciampedie, 1997 m

**Endpunkt:** Ciampedie

**Höhenunterschied:** ca. 430 m

**Höchster Punkt:** 2243 m

**Gehzeit:** 4 Std.

**Anforderungen:** Schneeschuhwanderung ohne größere Schwierigkeiten

**Einkehrmöglichkeit:** Gardeccia-Hütte, Tel. 0462 763152;

**Beste Jahreszeit:** Dezember bis März

■ Eine eindrucksvolle Schneeschuhwanderung durch eine zauberhafte Winterlandschaft mitten in der faszinierenden Bergwelt der Dolomiten

➡ Mit dem Skibus fährt man zuerst von Tiers nach Vigo di Fassa und dann mit der Seilbahn hinauf auf das Hochplateau von Ciampedie (1997 m). Von hier geht es zu Fuß oder mit dem Sessellift bergab ins Vajolettal, zum eigentlichen Ausgangspunkt dieser Winterwanderung. Nach der Querung der Skipiste an der Talstation des Sessellifts steigt man auf einer breiten, meistens getretenen Spur hinauf zur Gardeccia-Hütte (1960 m) und von dort weiter zur Vajolethütte (2243 m), die man in 1½ Stunden erreicht. Am Ziel angelangt, steht man unmittelbar unter den einzigartigen Vajolettürmen (dem Winkler-, Stabeler- und dem Delagoturm). Rechts gegen Norden erhebt sich der mächtige Kesselkogel. Er ist mit seinen 3002 Metern der höchste Berg in der Rosengartengruppe. Gegenüber den Vajolettürmen überragen uns auf der rechten Seite die Steilwände der Scalieretspitzen.

Der Rückweg führt auf der Anstiegsspur zurück nach Vigo di Fassa, von wo man wiederum mit dem Skibus nach Tiers zurückkehren kann.

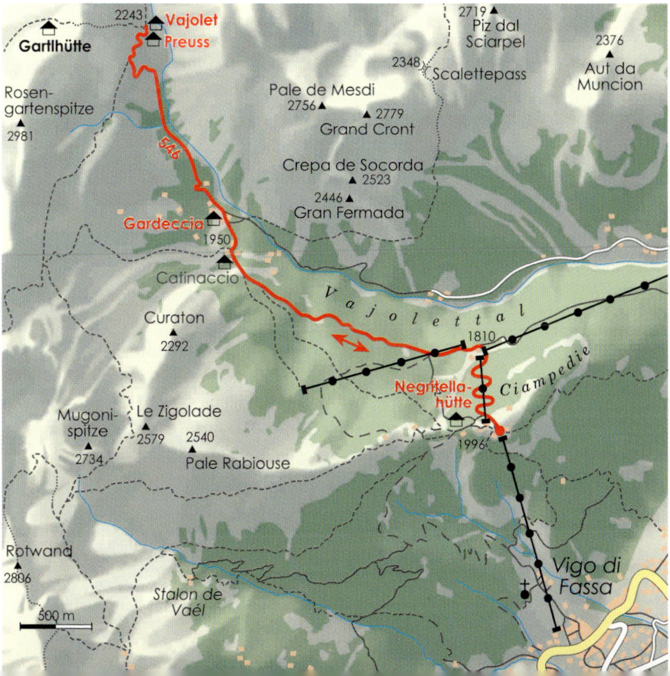

# Durchs Durontal auf die Seiser Alm

*Wanderung fernab vom Pistenrummel*

Im oberen Abschnitt der Wanderung, in der Nähe der Rosszähne, werden die Schneeschuhe unentbehrlich.

**Talort:** Campitello di Fassa

**Ausgangspunkt:** Campitello, 1400 m

**Endpunkt:** Saltria (Seiser Alm), 1676 m

**Höhenunterschied:** ↑ ca. 750 m, ↓ ca. 500 m

**Höchster Punkt:** 2168 m (Mahlknechtjoch)

**Gehzeit:** ca. 5 Std. + Rodelfahrt

**Anforderungen:** lange und anstrengende Wanderung mit Schneeschuhen

**Einkehrmöglichkeit:** Dialer, Tel. 0471 72 79 22 (kostenlose Rodel nach dem Mittagessen); Berggasthof Tirler, Tel. 0471 72 79 27

**Beste Jahreszeit:** Dezember bis April

■ Eine faszinierende Schneeschuhwanderung durch das Durontal. Man startet in Campitello im Fassatal (von Tiers mit dem Skibus erreichbar) und steigt in einer guten Stunde zur Micheluzzihütte (1860 m) hinauf.

➡ Die Straße zur Micheluzzihütte (vgl. Wanderung 32) wird normalerweise nach jedem Schneefall getreten bzw. geräumt und kann daher auch ohne Schneeschuhausrüstung begangen werden. Will man jedoch tiefer ins Durontal vordringen, muss man sich von der Hütte weg die Schneeschuhe anschnallen. Im Talschluss befindet man sich in einer einzigartigen Atmosphäre, die Rosszähne auf der rechten Seite und der Molignon zur linken Seite erscheinen in einem magischen Licht. Weiter rechts erstrahlt der Plattkofel (3181 m) in seiner ganzen Schönheit. Das tief verschneite Durontal überrascht vor allem im oberen Abschnitt mit einem außergewöhnlichen Landschaftspanorama.

Unser Weg führt weiter hinauf zum Mahlknechtjoch (2168 m), einem majestätischen Aussichtspunkt, über der Seiser Alm mit Blick zu den Geislerspitzen und zu den weiter entfernten Ötztaler Alpen.

Nach der Überschreitung des Joches geht es zum gleich dahinter liegenden Berggasthof Dialer (2054 m), wo man gemütlich einkehren und zu Mittag essen kann.

Jetzt geht es auf dem Rodelweg zu Fuß oder mit der Rodel bergab nach Saltria (1690 m) und mit dem Bus nach Compatsch. Mit der Umlaufbahn erreicht man Seis und mit dem Linienbus kommt man wieder zurück zum Ausgangsort Tiers.

Auf der Seiser Alm;
im Hintergrund der Molignonkamm

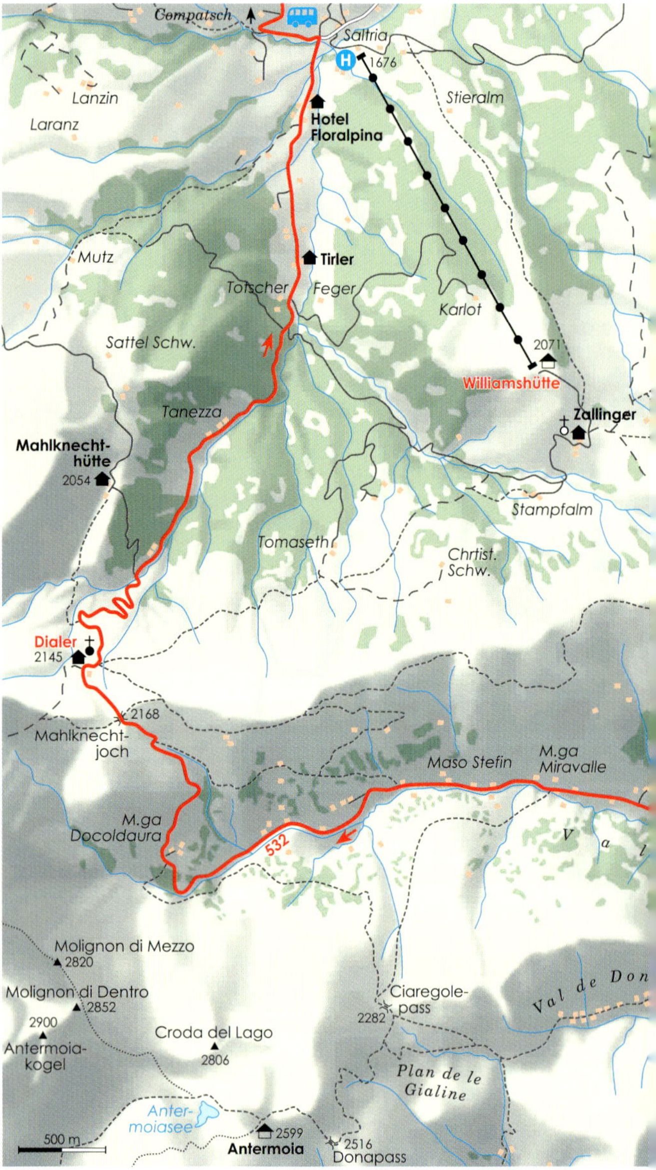

Compatsch
Saltria
1676
Lanzin
Laranz
Stieralm
Hotel Floralpina
Mutz
Tirler
Totscher
Feger
Karlot
Sattel Schw.
2071
Williamshütte
Tanezza
Zallinger
Mahlknecht-hütte
2054
Stampfalm
Tomaseth
Chrtist. Schw.
Dialer
2145
2168
Mahlknecht-joch
Maso Stefin
M.ga Miravalle
M.ga Docoldaura
532
V a l
Molignon di Mezzo
2820
Molignon di Dentro
2852
2900
Antermoia-kogel
Croda del Lago
2806
Ciaregole-pass
2282
Val de Don
Plan de le Gialine
Anter-moiasee
500 m
2599
Antermoia
2516
Donapass

Die Rodelbahn führt vom Dialer hinunter bis zum Almgasthof Tirler. Im Hintergrund der mächtige Molignonkamm und davor das Mahlknechtjoch.

47

# Von der Seiser Alm zum Goldknopf

*Wanderung mit weitreichendem Panorama*

Von der Laurinhütte in Richtung Rosszähne mit Ausblick auf die Seiser Alm. Über die Tschapitwiesen erreicht man den Goldknopf (2249 m).

**Talort:** Seis am Schlern

**Ausgangspunkt:** Compatsch, 1844 m

**Endpunkt:** Compatsch

**Höhenunterschied:** 350 m

**Höchster Punkt:** 2249 m

**Gehzeit:** 4–5 Std.

**Anforderungen:** gemütliche Schneeschuhwanderung ohne größere Schwierigkeiten

**Einkehrmöglichkeit:**
Almrosenhütte, Tel. 347 5517109;
Hotel Panorama, Tel. 0471 727968;
Laurinhütte, Tel. 0471 727802;
Hotel Goldknopf, Tel. 0471 727915

**Beste Jahreszeit:** Dezember bis Ende März

■ Eine lohnenswerte Schneeschuhwanderung auf der Seiser Alm verbunden mit dem Genuss eines weitreichenden Panoramas.

➡ Ausgangspunkt dieser Wanderung ist der Ort Compatsch auf der Seiser Alm, den man von Seis mit der Umlaufbahn bequem erreicht.

Von Compatsch wandert man zunächst zum Hotel Panorama, das man eventuell auch mit dem Sessellift erreicht. Man quert die Almwiesen und steigt leicht hinunter zur Laurinhütte. Erreicht man die Forststraße, biegt man links ab und geht in Richtung Rosszähne weiter. Dann geht es hinauf zu den höher gelegenen Tschapitwiesen und weiter zum Goldknopf (2249 m), zum höchsten Punkt der Seiser Alm. Vom Kamm steigt man hinunter zur Almrosenhütte, einer gemütlichen Almhütte, in der man gut Mittag essen kann.

Der Rückweg verläuft diagonal über die Seiser-Alm-Wiesen. In ungefähr 1 Stunde erreicht man auf angenehmen Wegen Compatsch und die Bergstation der Umlaufbahn.

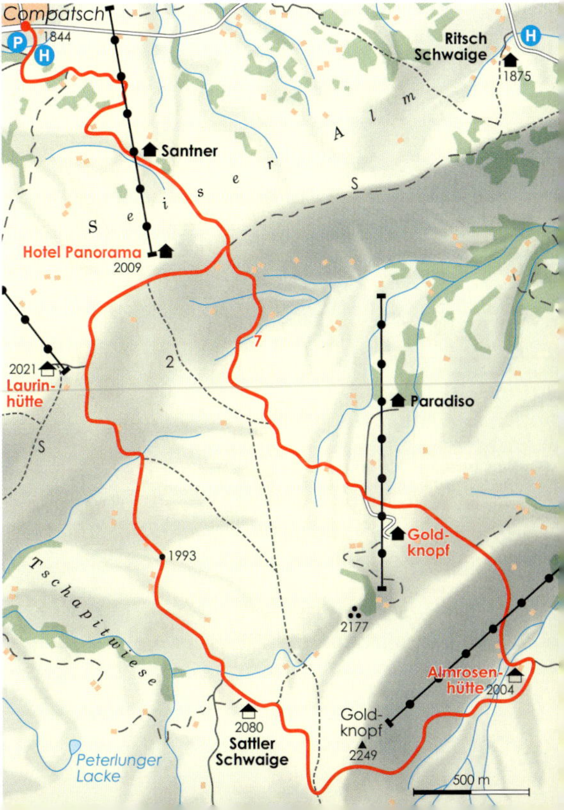

Das Dorf Tiers mit der St- Georgs-Kirche wird vom Tschafon überragt.

# Nützliche Adressen

**Tourismusverein Tiers am Rosengarten**
St.-Georg-Straße 79
I-39050 Tiers
Tel. +39 0471 64 21 27
Fax +39 0471 64 20 05
info@tiers.it
www.tiers.it

**Tourismusverband Seiser Alm/Schlerngebiet**
Dorfstraße 15
I-39050 Völs am Schlern
Tel. +39 0471 70 96 00
Fax +39 0471 70 41 99
info@seiseralm.it
www.seiseralm.it

**Tourismusverein Welschnofen-Karersee**
Karerseestraße 21
I-39056 Welschnofen
Tel. +39 0471 61 31 26
Fax +39 0471 61 33 60
info@welschnofen.com
www.welschnofen.com

**Alpine Auskunft**
Für Wanderer, Bergsteiger und Skifahrer, Tel. +39 0471 99 99 55
alpineauskunft@alpenverein.it
www.alpenverein.it

*Interaktives Wanderportal*
www.trekking.suedtirol.info

*Lawinenwarndienst*
Tel. +39 0471 27 05 55 / 27 11 77
www.provinz.bz.it/lawinen

**Notrufe**

*Landesnotrufzentrale*, Tel. 118

*Carabinieri Notruf*, Tel. 112

*Allgemeine Notrufzentrale Polizei*, Tel. 113

*Feuerwehr*, Tel. 115

*Straßenhilfsdienst ACI*, Tel. 803 116 (grüne Nummer)

*Bergrettungsdienst Tiers*, Tel. +39 0471 64 22 22

*Hubschrauberstaffel Aiut Alpin*, Tel. +39 0471 78 64 48

*Ärztlicher Bereitschaftsdienst am Krankenhaus Bozen*, Tel. +39 0471 90 81 11

*Apotheke:* Marien-Apotheke, Bozner Straße 2, Völs am Schlern, Tel. + Fax +39 0471 72 53 73

**Bergführer**

*Alpinschule Dolomiten*
I-39040 Kastelruth
Tel +39 0471 70 53 43
Fax +39 0471 71 14 80
info@dolomiten-alpin.com
www.dolomiten-alpin.com

*Bergführerbüro Arcalpin*
Schlernstraße 20
I-39050 Völs am Schlern
Tel. + Fax +39 0471 72 60 20
info@arcalpin.it
www.arcalpin.it

*Alpinzentrum Rosengarten*
Kirchweg 15
I-39056 Welschnofen
Tel. + Fax +39 0471 61 34 87
erich.resch@dnet.it
www.berge-erleben.com

## Öffentliche Verkehrsmittel

*Telefonische Fahrplanauskunft*
für alle öffentlichen Verkehrsmittel,
**Tel. 840 000 471 · www.sii.bz.it**

*Mobilcard*
Die Mobilcard Südtirol erlaubt die Benutzung aller öffentlichen Verkehrsmittel des Südtiroler Verkehrsverbundes:

- die Bahn in Südtirol und bis nach Trient (nur Regionalzüge),
- die Nahverkehrsbusse,
- die Seilbahnen nach Ritten, Jenesien, Mölten, Vöran und Meransen,
- die Trambahn Ritten und die Standseilbahn auf die Mendel.

Die Mobilcard ist an allen Verkaufsstellen des Südtiroler Verkehrsverbundes, in allen Büros der Tourismusvereine und in vielen Gastbetrieben erhältlich.

- Die **Mobilcard Südtirol 7 Tage** (Erwachsene 18,00 + Junior 9,00 Euro) ist ab dem Tag der ersten Entwertung an den 7 unmittelbar darauf folgenden Tagen gültig.
- Die **Mobilcard Südtirol 3 Tage** (Erwachsene 13,00 + Junior 6,50 Euro) kann an drei frei wählbaren Tagen innerhalb von 7 Tagen benutzt werden.
- Die **Gebietskarte Mitte** (Erwachsene 15,00 + Junior 7,50 Euro) bietet die Möglichkeit, 7 Tage das Gebiet von Trient bis zum Brenner, von Meran bis nach Tiers inklusive aller Seitentäler mit den öffentlichen Verkehrsmitteln zu entdecken.

**www.mobilcard.info**

## Bildnachweis

Martin Damian 125u, 136, 138–141, 143, 144, 146, 148, 152, 154, 158

Armin Mayer 132

Bernhard Thaler 10–12, 52, 57, 89, 96, 105, 130, 131, 155, 157, 160

Die übrigen Bilder stammen vom Autor.

# Stichwortregister

# im handlichen Format

Hanspaul Menara
**Die schönsten Wanderungen im Meraner Land**
Mit Ulten, Passeier und Texelgruppe
ISBN 978-88-8266-483-1

Auch in italienischer Sprache erhältlich

Hanspaul Menara
**Die schönsten Wanderungen im Bozner Land**
Mit Sarntal, Überetsch und Unterland
ISBN 978-88-8266-551-7

Auch in italienischer Sprache erhältlich

Hanspaul Menara
**Die schönsten Wanderungen im Pustertal**
Mit Pfunders, Ahrntal, Sexten und Gadertal
ISBN 978-88-8266-485-5

Auch in italienischer Sprache erhältlich

Hanspaul Menara
**Die schönsten Wanderungen im Eisacktal**
Mit Gröden, Villnöß und Wipptal
ISBN 978-88-8266-549-4

Auch in italienischer Sprache erhältlich

Rudi Wutscher
**Die schönsten Wanderungen Südliches Trentino**
Von Trient bis zum Gardasee
ISBN 978-88-8266-437-4

Hanspaul Menara
**Die schönsten Wanderungen im Vinschgau**
Mit Schnalstal, Ortlergebiet und Oberland
ISBN 978-88-8266-553-1

Auch in italienischer Sprache erhältlich